Das Staatsarchiv Hamburg im Nationalsozialismus

Veröffentlichungen aus dem Staatsarchiv der
Freien und Hansestadt Hamburg
Band 24

Sarah Schmidt

Das Staatsarchiv Hamburg im Nationalsozialismus

Hamburg University Press
Verlag der Staats- und Universitätsbibliothek Hamburg
Carl von Ossietzky

Impressum

Bibliografische Information der Deutschen Nationalbibliothek

Die Deutsche Nationalbibliothek verzeichnet diese Publikation in der Deutschen Nationalbibliografie; detaillierte bibliografische Daten sind im Internet über http://dnb.d-nb.de/ abrufbar.

Die Online-Version dieser Publikation ist auf den Verlagswebseiten frei verfügbar (Open Access). Die Deutsche Nationalbibliothek hat die Netzpublikation archiviert. Diese ist dauerhaft auf dem Archivserver der Deutschen Nationalbibliothek verfügbar.

Open access über die folgenden Webseiten:

Hamburg University Press –
http://hup.sub.uni-hamburg.de/purl/HamburgUP_STAHH_24_Schmidt

Archivserver der Deutschen Nationalbibliothek – Recherche und Zugriff über
https://portal.dnb.de/

ISBN 978-3-943423-29-7
ISSN 0436-6638

Produktion: Elbe-Werkstätten GmbH, Hamburg, Deutschland
http://www.elbe-werkstaetten.de/

Covergestaltung: nach einem Entwurf von Benno Kieselstein, Hamburg

Inhaltsverzeichnis

Abkürzungsverzeichnis

DVO	Durchführungsverordnung
JRV	Jüdischer Religionsverband
NSKK	Nationalsozialistisches Kraftfahrer-Korps
NSV	Nationalsozialistische Volkswohlfahrt
RDB	Reichsbund der Deutschen Beamten
RGBl.	Reichsgesetzblatt
RIGD	Reichsinstitut für Geschichte des neuen Deutschlands
RfS	Reichsstelle für Sippenforschung (1935–1940), Vorgänger: SfR, Nachfolger: RSA
RSA	Reichssippenamt (1940–1945), Vorgänger: RfS
RuSHA	Rasse- und Siedlungshauptamt SS
SfR	Sachverständige für Rasseforschung (1933–1935), Nachfolger: RfS
VHG	Verein für Hamburgische Geschichte
ZHG	Zeitschrift des Vereins für Hamburgische Geschichte
ZNF	Zentralstelle für niedersächsische Familienforschung

Vorwort

Auf welche Weise und in welchem Maße Archivarinnen und Archivare durch ihr berufliches Handeln in den Jahren 1933 bis 1945 die nationalsozialistische Politik unterstützt haben – diese Frage ist in vielen Aspekten noch immer nicht ausreichend untersucht.

Nach ersten bis heute grundlegenden Veröffentlichungen vor allem von Matthias Herrmann[1] und Torsten Musial[2] widmete sich der 75. Deutsche Archivtag in Stuttgart sechzig Jahre nach Kriegsende im Herbst 2005 erstmals in umfassenderem Maße dieser Thematik.[3] Wie Astrid M. Eckert in ihrem Tagungsbericht zusammenfasst, bestand „weitgehend Einigkeit, daß Archive umgehend zu wichtigen Herrschaftsinstrumenten des NS-Staates wurden."[4] Dabei sei der „meistgenannte Aspekt [...] die Zuarbeit von Archivaren bei der Erstellung des sogenannten Ariernachweises" gewesen. Auf dem Deutschen Archivtag galten erste exemplarische Vorträge zu dieser Thematik vor allem den kirchlichen Archiven mit der für die sogenannte „Sippenforschung" relevanten Überlieferung der Kirchenbücher.[5]

---

1 Matthias Herrmann: Das Reichsarchiv (1919–1945). Eine archivische Institution im Spannungsfeld der deutschen Politik, Bd. 2, Berlin 1994.

2 Torsten Musial: Staatsarchive im Dritten Reich. Zur Geschichte des staatlichen Archivwesens in Deutschland 1933–1945 (Potsdamer Studien, 2), Potsdam 1996.

3 Vgl. Das deutsche Archivwesen und der Nationalsozialismus. 75. Deutscher Archivtag 2005 in Stuttgart, Redaktion: Robert Kretzschmar (Tagungsdokumentation zum Deutschen Archivtag, 10), Essen 2007, sowie den Tagungsbericht von Robert Kretzschmar und die Berichte zu den Sektionssitzungen in: Der Archivar 59 (2006), S. 28–45.

4 Hier und im Folgenden: Astrid M. Eckert: Zur Einführung. Archive und Archivare im Nationalsozialismus, in: Das deutsche Archivwesen, S. 11–19, hier: S. 12.

5 Vgl. dazu im Tagungsband die Beiträge von Peter Pfister, Reimund Haas und Johann Peter Wurm, in: Das deutsche Archivwesen, S. 116–164. Vgl. zur Erstellung von Ariernachweisen in evangelischen Pfarrämtern: Kirchliche Amtshilfe. Die Kirche und die Judenverfolgung im „Dritten Reich", hrsg. von Manfred Gailus, Göttingen 2008. Vgl. zu einem Landesrabbinat als Auskunftsstelle Werner Meiners: Familienforschung in Zeiten von „Abstammungsnachweis" und „Judenkartei". Zum Gedenken an den am 2.9.2010 verstorbenen ehemaligen oldenburgischen Landesrabbiner Leo Trepp, in: Oldenburgische Familienkunde 52 (2010), S. 89–125.

Um mögliche Handlungsspielräume im Einzelnen und den Einfluss nationalsozialistischer Politik und Ideologie auf die archivische Tätigkeit vollständig zu ermessen, müssen weitere Untersuchungen anschließen. Sie können sowohl die regionale Situation insbesondere in den staatlichen Archiven als auch den übergreifenden archivgeschichtlichen Kontext weiter beleuchten. Zu beiden Aspekten liegen bereits richtungsweisende Arbeiten vor. Robert Gahde hat am regionalen Beispiel des Lippischen Landesarchivs in Detmold die Auswirkungen der nationalsozialistischen Politik auf die Erstellung von Ariernachweisen sowie, damit verbunden, auf die archivische Bewertung und Erschließung („Verkartung") aufgezeigt.[6] Robert Kretzschmar hat in zwei Beiträgen den zeitpolitischen Hintergrund der Überlieferungsbildung und der – vor allem in der preußischen Archivverwaltung geführten – Bewertungsdiskussion in den 1930er und 1940er Jahren deutlich gemacht.[7]

Das Staatsarchiv Hamburg hat bei der Erstellung der nationalsozialistischen Ariernachweise aufgrund seiner Quellenlage eine besondere Position unter den staatlichen Archiven eingenommen. Denn es verfügte in den 1930er und 1940er Jahren, bedingt durch besondere kommunal- und archivgeschichtliche Umstände, über eine weit zurückreichende, auch Kirchenbuchbestände umfassende personenkundliche Überlieferung.[8]

---

[6] Robert Gahde: Im Dienst der nationalsozialistischen Rassenpolitik. Das Lippische Landesarchiv in Detmold 1933–1945, in: Lippische Mitteilungen aus Geschichte und Landeskunde 75 (2006), S. 37–71.

[7] Vgl. Robert Kretzschmar: Überlieferungsbildung im Nationalsozialismus und in der unmittelbaren Nachkriegszeit, in: Das deutsche Archivwesen, S. 34–44, sowie Robert Kretzschmar: „Kassationsgrundsätze allgemeiner und besonderer Art". Zur Bewertungsdiskussion der preußischen Archivverwaltung 1936 bis 1945, in: Leder ist Brot. Beiträge zur norddeutschen Landes- und Archivgeschichte. Festschrift für Andreas Röpke, hrsg. von Bernd Kasten, Matthias Manke und Johann Peter Wurm, Schwerin 2011, S. 383–399.

[8] Vgl. zur Überlieferung der staatlichen und kirchlichen Unterlagen zum Personenstandswesen im Staatsarchiv Hamburg detailliert Friedrich Schmidt: Die Übernahme der hamburgischen Personenstandsregister in das Staatsarchiv, in: Beiträge zur Geschichte des Staatsarchivs der Freien und Hansestadt Hamburg (Veröffentlichungen aus dem Staatsarchiv der Freien und Hansestadt Hamburg, 5), Hamburg 1960, S. 113–131, und Jürgen Sielemann: Familienkundliche Forschungsmöglichkeiten im Staatsarchiv Hamburg, in: Zwischen Verwaltung und Wissenschaft. Beiträge zur Geschichte und Gegenwart des Staatsarchivs Hamburg, hrsg. von Hans Wilhelm Eckardt und Peter Gabrielsson (Beiträge zur Geschichte Hamburgs, 26), Hamburg 1985, S. 159–169.

In den letzten Jahren wurden erste Schritte unternommen, die Geschichte des Staatsarchivs Hamburg im Nationalsozialismus in kleineren Beiträgen zu erforschen. Joist Grolle hat zuerst die Rolle des Archivars und Historikers Heinrich Reincke in der NS-Zeit untersucht.[9] Es ist dann insbesondere das Verdienst von Jürgen Sielemann, eine kritische Auseinandersetzung mit der Geschichte der personenkundlichen Abteilung des Staatsarchivs Hamburg begonnen zu haben.[10] Der Archivar Sielemann reflektierte das Thema auch aus der Innensicht des Staatsarchivs, „denn diese Frage betraf die finstere Vergangenheit meines eigenen Arbeitsgebiets."[11]

Vor diesem Hintergrund hat das Staatsarchiv Hamburg den Vorschlag aufgegriffen, eine wissenschaftliche Arbeit zur Erlangung des Grades eines Master of Arts an der Universität Hamburg zu seiner eigenen Geschichte während der Zeit des Nationalsozialismus in der Reihe seiner Veröffentlichungen herauszugeben. Bereits im Frühjahr 2014 war dieser Gedanke im Gespräch mit dem Leiter der Arbeitsstelle für Universitätsgeschichte der Universität Hamburg und Betreuer der Arbeit, Prof. Dr. Rainer Nicolaysen, entstanden.

Die Idee zu der vorliegenden Untersuchung stammt von der Autorin Sarah Schmidt. Sie hat im Rahmen eines Praktikums am Staatsarchiv Hamburg die Geschäftsakten des Staatsarchivs aus dieser Zeit kennengelernt und daraus die Konzeption für ihre Arbeit entwickelt. Das Staatsarchiv Hamburg ist froh, dass sich Frau Schmidt als junge Wissenschaftlerin dieses Themas angenommen und die Universität Hamburg das Forschungs-

---

9 Joist Grolle: Von der Verfügbarkeit des Historikers. Heinrich Reincke und die Hamburg-Geschichtsschreibung in der NS-Zeit, in: Hamburg in der NS-Zeit. Ergebnisse neuerer Forschungen, hrsg. von Frank Bajohr und Joachim Szodrzynski (Forum Zeitgeschichte, 5), Hamburg 1995, S. 25–57, sowie Joist Grolle: Art. Reincke, Heinrich, in: Hamburgische Biografie. Personenlexikon, Bd. 1, hrsg. von Franklin Kopitzsch und Dirk Brietzke, Hamburg 2001, S. 248 f.

10 Jürgen Sielemann: Das Staatsarchiv Hamburg und die Personenforschung in der NS-Zeit, in: Aus erster Quelle. Beiträge zum 300-jährigen Jubiläum des Staatsarchivs der Freien und Hansestadt Hamburg, hrsg. von Joachim W. Frank und Thomas Brakmann (VÖ Staatsarchiv der Freien und Hansestadt Hamburg, 22), Hamburg 2013, S. 83–104, sowie Jürgen Sielemann: Die personenkundliche Abteilung des Staatsarchivs Hamburg im NS-Staat und in der Nachkriegszeit. Von der Judenverfolgung zur „Wiedergutmachung", in: Wie mächtig sind Archive? Perspektiven der Archivwissenschaft, hrsg. von Rainer Hering und Dietmar Schenk (Veröffentlichungen aus dem Landesarchiv Schleswig-Holstein, 104), Hamburg 2013, S. 141–163.

11 Jürgen Sielemann: Die personenkundliche Abteilung, S. 141.

vorhaben unterstützt hat. Auf diese Weise ist es möglich, die Geschichte des Staatsarchivs Hamburg aus der Außenperspektive zu betrachten und die Erkenntnisse zugleich in die wissenschaftliche Forschungsdiskussion einzubeziehen.

Dr. Udo Schäfer
Direktor des Staatsarchivs Hamburg

1. Einleitung

Wie andere Archive hat das Staatsarchiv Hamburg seinen Ursprung in einer Truhe. In dieser später sogenannten Threse, erstmals 1239 erwähnt, wurden die wichtigsten Urkunden, die Rechte und Privilegien der Stadt Hamburg, aufbewahrt.[12] Aus dieser Truhe entwickelte sich mit der Zeit das Ratsarchiv, später das Stadt-, dann das Staatsarchiv. Ab 1710 gab es für die immer weiter gewachsene Ansammlung von Dokumenten den ersten, vom Rat bestimmten, hauptberuflichen Archivar. Er hatte Einblicke in alle Belange, die die Stadt Hamburg betrafen, da die dazu erstellten Dokumente durch seine Hände gingen. Dementsprechend bestand der Rat darauf, dass dieser erste Archivar sich für zehn Jahre an sein Amt band und er die Stadt über Nacht nur mit der Erlaubnis des Bürgermeisters verließ.[13] Er hatte Zugang zu den grundlegenden Dokumenten der städtischen Verwaltung, der Wirtschaft und der rechtlichen Angelegenheiten – kurzum: ein Archivar verfügte über Herrschaftswissen.

Welche Auswirkungen hat dementsprechend eine Änderung der Herrschaftsverhältnisse auf die Arbeit eines Archivars? Diese Frage stellt sich besonders vor dem Hintergrund des Aufstiegs der NSDAP und der Ernennung Adolf Hitlers zum Reichskanzler. Innerhalb kürzester Zeit nach der sogenannten „Machtergreifung" waren andere Parteien neben der NSDAP verboten, die Presse gleichgeschaltet und erste antisemitische Maßnahmen initiiert. Der Nationalsozialismus und seine Ideologie machten sich bis in den Alltag der Menschen bemerkbar. Was bedeutete aber dies für ein Archiv?

Die Arbeit eines Archivars in einem staatlichen Archiv besteht darin, die in der Verwaltung entstandenen und nicht mehr benötigten Unterlagen zu übernehmen. Am Anfang verschafft sich der Archivar einen Überblick über das vorhandene Schriftgut, um dann im Schritt der Bewertung zu entschei-

12 Kommentierte Übersicht über die Bestände des Staatsarchivs der Freien und Hansestadt Hamburg, hrsg. von Paul Flamme, Peter Gabrielsson und Klaus-Joachim Lorenzen-Schmidt (Veröffentlichungen aus dem Staatsarchiv der Freien und Hansestadt Hamburg, 14), 2. erw. Aufl., Hamburg 1999, S. 13.

13 Jürgen Bolland: Der erste hamburgische Archivar Nicolaus Stampeel, in: Beiträge zur Geschichte des Staatsarchivs der Freien und Hansestadt Hamburg (Veröffentlichungen aus dem Staatsarchiv der Freien und Hansestadt Hamburg, 5), Hamburg 1960, S. 1–12, hier: S. 5.

den, welche Stücke archivwürdig sind und welche kassiert, das heißt vernichtet werden. Dabei gilt, dass nur ein sehr geringer Teil der entstandenen Akten der Aufbewahrung für wert befunden wird. Die archivwürdigen Akten gelangen ins Archiv und werden dort erschlossen und damit nutzbar gemacht. Zuletzt werden die Unterlagen archivgerecht aufbewahrt.

Archive sind also ein Teil der Verwaltung, die im Nationalsozialismus wiederum mithalf, die Ziele der Nationalsozialisten umzusetzen. Eines dieser Ziele war die Verfolgung und Vernichtung der Juden.[14] Dabei wurden Juden laut NS-Ideologie als Angehörige einer niederen „Rasse" angesehen. Entsprechend galt, dass angeblich typisch jüdische Merkmale vererbt werden konnten, was sich in den sogenannten „Ariernachweisen" widerspiegelte. Ab 1933 übernahmen diese „Ariernachweise" die Funktion, die Juden „auszulesen": Menschen mussten nachweisen, dass sich in der Familie kein von den Nationalsozialisten unerwünschter, jüdischer Vorfahr befand. Nach den Gesetzen war jemand im Nationalsozialismus dann ein Jude, wenn er von „mindestens drei der Rasse nach volljüdischen Großeltern" abstammte[15], das heißt diese einer jüdischen Gemeinde angehört hatten. Die „Ariernachweise" machten entsprechend Aussagen über die Religionszugehörigkeit der Vorfahren.

Quellen zur Erstellung der „Ariernachweise" befanden sich vor allem bei den Standesämtern, Kirchenbuchämtern und den staatlichen Archiven. Da die meisten Hamburger Kirchen ihre Kirchenbücher bzw. Duplikate ihrer Kirchenbücher an das Hamburger Staatsarchiv abgegeben hatten (vgl. Kapitel 3.2), befanden sich die Quellen für die im Hamburger Raum geborenen Vorfahren nahezu vollständig an einer Stelle. Was passierte nun im Archiv, wenn in kürzester Zeit eine Vielzahl von Menschen so einen Nachweis forderte? Wie gingen die Archivare damit um, dass die Informationen der Archivalien dazu genutzt wurden, um Menschen auszusortieren und sie zu diskriminieren? Hatten sie Mittel, sich gegen die Instrumentalisie-

---

[14] Die NS-Ideologie richtete sich auch gegen eine Vielzahl anderer Gruppen, wie Sinti und Roma, Menschen mit Behinderung oder Homosexuelle. In dieser Arbeit wird jedoch hauptsächlich die Verfolgung der Juden im Mittelpunkt stehen.

[15] Vgl. § 5 der 1. Durchführungsverordnung (DVO) des Reichsbürgergesetzes vom 14.11.1935, in: Reichsgesetzblatt Teil I (RGBl. I), 1935, S. 1334, als Download auch unter: http://alex.onb.ac.at/tab_dra.htm (Stand: 20.2.2014).

rung der Archivquellen und ihrer Arbeit zur Wehr zu setzten, oder unterstützten sie willentlich und wissentlich die Umsetzung der NS-Ideologie?

Zur Zeit des Zweiten Weltkriegs nahm das Hamburger Staatsarchiv eine besondere Rolle ein: Es war im Rathaus untergebracht. Im Laufe des Krieges wuchs die Gefahr durch Bombenangriffe aus der Luft stetig an und dort lagerte brennbares, unersetzliches Schriftgut. Das Archiv befand sich im politischen Zentrum der Stadt und war damit besonders gefährdet. Wie reagierten die Archivare auf diese nie gekannten Gefahren und welche Maßnahmen ergriffen sie? Wie vorausschauend und umsichtig waren diese Maßnahmen im Vergleich zu anderen Archiven im Reich?

Wie heute, fehlte es in Deutschland an einer landesweit wirkenden Archivführung, zur Zeit des Nationalsozialismus gab es außerdem keine Archivgesetze.[16] Eine Vorbildfunktion nahm die preußische Archivverwaltung ein, die zentral die Führung der Staatsarchive im preußischen Gebiet innehatte und von einem Generaldirektor geleitet wurde. Seine Anweisungen gingen oft auch als Empfehlung an das Hamburger Staatsarchiv, welches jedoch, frei von einer übergeordneten Archivleitung, fachlich unabhängig agieren konnte. Den Posten des Generaldirektors besetzte von 1929 bis 1936 Albert Brackmann, von 1936 bis 1945 war es Ernst Zipfel. Gerade im Zweiten Weltkrieg nahm Zipfel eine wichtige Funktion als führende Figur des Archivwesens in Deutschland ein. Das 1919 gegründete Reichsarchiv war eine zweite maßgebliche Instanz, die 1936 bis 1945 ebenfalls von Zipfel geleitet wurde.

Den zeitlichen Rahmen der vorliegenden Arbeit bildet die Regierungszeit der NSDAP in Hamburg vom Wahlsieg im März 1933 bis zu der Kapitulation Hamburgs im Mai 1945. Diese Brüche entsprechen der politischen Umstellung, die mit den Regierungswechseln einherging. Da es sich bei dem Archiv um ein Bestandteil der hamburgischen Verwaltung handelte, ist nach den Auswirkungen zu fragen, die diese politischen Veränderungen auf die Behörde hatten. Innerhalb dieses Zeitraums wird ein besonderer Schwerpunkt auf die wissenschaftlichen Archivare Heinrich Reincke, Hans Kellinghusen, Erich von Lehe und Kurt Detlev Möller gelegt. Sie waren die

---

[16] Ab 1987 wurden erste Archivgesetze erlassen, vgl. Norbert Reimann: Archivgesetzgebung im Nationalsozialismus. Ein gescheiterter Versuch, in: Das deutsche Archivwesen und der Nationalsozialismus. 75. Deutscher Archivtag 2005 in Stuttgart, Redaktion: Robert Kretzschmar (Tagungsdokumentation zum deutschen Archivtag, 10), Essen 2007, S. 34–44, hier: S. 39 f.

ausgebildeten und promovierten Archivare und leiteten von 1934 bis 1945 die wichtigsten Abteilungen des Staatsarchivs.

Die Aufarbeitung der Vergangenheit der Behörden und auch der Archive im Nationalsozialismus ist wohl aufgrund einer hohen personellen Kontinuität erst nach und nach geschehen. Für Hamburg hat Uwe Lohalm die Struktur der staatlichen Verwaltung im Nationalsozialismus sowie exemplarisch den Umgang der Wohlfahrtsbehörde mit dem Nationalsozialismus dargestellt.[17] Erst Mitte der 1990er wurde damit begonnen, sich wissenschaftlich mit dem Thema der Archive im Nationalsozialismus auseinanderzusetzen. Vorreiterpositionen nahmen Torsten Musial mit seiner überblicksartigen Darstellung der Staatsarchive im „Dritten Reich"[18] sowie Matthias Herrmann mit der Geschichte des Reichsarchivs von 1919 bis 1945 ein.[19] Ein wichtiges Signal war der 2005 stattfindende Deutsche Archivtag zu dem Thema „Das deutsche Archivwesen und der Nationalsozialismus". Der dazu erschienene Tagungsband bildet einen wertvollen Forschungsbeitrag.[20] Grundlegend ist außerdem Johanna Weisers Aufarbeitung der Geschichte der preußischen Archivverwaltung.[21] Weitere Aufsätze beschäftigen sich vor allem mit Beispielen einzelner Archive. Zum Einfluss des Nationalsozialismus auf die Archivarbeit an sich, beispielsweise auf Bewertung und Übernahmepraxis, fehlt es bislang an einer umfassenden Darstellung. Eine Tagung in Berlin im März 2013 beschäftigte sich mit dem Thema anhand des Geheimen Staatsarchivs Preußischer Kulturbesitz.[22]

---

17 Uwe Lohalm: „...anständig und aufopferungsbereit". Öffentlicher Dienst und Nationalsozialismus in Hamburg 1933 bis 1945 (Veröffentlichung der Forschungsstelle für Zeitgeschichte in Hamburg), Hamburg 2001; Uwe Lohalm: Völkische Wohlfahrtsdiktatur. Öffentliche Wohlfahrtspolitik im nationalsozialistischen Hamburg (Forum Zeitgeschichte, 21), München u. a. 2010.

18 Torsten Musial: Staatsarchive im Dritten Reich. Zur Geschichte des staatlichen Archivwesens in Deutschland 1933–1945 (Potsdamer Studien, 2), Potsdam 1996.

19 Matthias Herrmann: Das Reichsarchiv (1919–1945). Eine archivische Institution im Spannungsfeld der deutschen Politik, Bd. 2, Berlin 1994.

20 Robert Kretzschmar (Red.): Das deutsche Archivwesen und der Nationalsozialismus. 75. Deutscher Archivtag 2005 in Stuttgart (Tagungsdokumentation zum deutschen Archivtag, 10), Essen 2007.

21 Johanna Weiser: Geschichte der preußischen Archivverwaltung und ihrer Leiter. Von den Anfängen unter Staatskanzler von Hardenberg bis zur Auflösung im Jahre 1945 (Veröffentlichungen aus den Archiven Preußischer Kulturbesitz, 7), Köln u. a. 2000.

Für das Hamburger Staatsarchiv war es Jürgen Sielemann, der sich als erster der Vergangenheit im Nationalsozialismus annahm. Nach jahrelanger Beschäftigung mit dem Thema hielt er anlässlich des 300-jährigen Jubiläums des Staatsarchivs im Jahr 2010 einen Vortrag über die ehemalige personenkundliche Abteilung und stellte dar, wie das Archiv mit der Ausstellung der „Ariernachweise" beschäftigt war. 2013 erschien dieser Vortrag in gedruckter Form[23] und erfuhr in einem weiteren Aufsatz einige Ergänzungen.[24] Dabei stehen in diesen Aufsätzen die Arbeit an den „Ariernachweisen" und der Umgang damit im Vordergrund und weniger die Herausarbeitung eines Gesamtbilds der Arbeit der Archivare im Nationalsozialismus.

Als Quellen der vorliegenden Arbeit dienen hauptsächlich die Geschäftsakten des Staatsarchivs Hamburg von 1933 bis 1945.[25] Darin sind private und amtliche Anfragen und die Antworten der Archivare enthalten sowie archiv- und verwaltungsinterne Angelegenheiten. Es lässt sich ein Gesamtbild der Arbeit im Staatsarchiv Hamburg zur Zeit des Nationalsozialismus herausarbeiten. Nachteil dieser Quellen ist, dass sich kaum Rückschlüsse auf persönliche Motive der Archivare ziehen lassen. Eine Ergänzung bilden in eingeschränktem Maße die von Direktor Reincke an seinen Stellvertreter Kellinghusen gerichteten Briefe.[26] Außerdem werden weitere Quellen wie die Nachrufe auf die Archivare herangezogen. Da die vier wis-

---

22 Vgl. Sven Kriese, Johannes Kistenich: Archivarbeit im und für den Nationalsozialismus. Die Preußischen Staatsarchive vor und nach dem Machtwechsel von 1933. Tagung im Geheimen Staatsarchiv Preußischer Kulturbesitz in Berlin, in: Archivar 66 (2013), S. 203–206.

23 Jürgen Sielemann: Das Staatsarchiv Hamburg und die Personenforschung in der NS-Zeit, in: Aus erster Quelle. Beiträge zum 300-jährigen Jubiläum des Staatsarchivs der Freien und Hansestadt Hamburg, hrsg. von Joachim W. Frank und Thomas Brakmann (Veröffentlichungen aus dem Staatsarchiv der Freien und Hansestadt Hamburg, 22), Hamburg 2013, S. 85–104.

24 Jürgen Sielemann: Die personenkundliche Abteilung des Staatsarchivs Hamburg im NS-Staat und in der Nachkriegszeit. Von der Judenverfolgung zur „Wiedergutmachung", in: Wie mächtig sind Archive? Perspektiven der Archivwissenschaft, hrsg. von Rainer Hering und Dietmar Schenk (Veröffentlichungen des Landesarchivs Schleswig-Holstein, 104), Hamburg 2013, S. 141–163.

25 Bestand im Staatsarchiv Hamburg: 133-1 II Staatsarchiv II, mit einer Laufzeit von 1928 bis 1948, die Seiten sind weder foliiert noch paginiert. Die Akten sind jedoch nach Vorgängen abgelegt und es wird entsprechend die Vorgangsnummer und das Jahr der Anlegung des Vorgangs benannt.

26 Staatsarchiv Hamburg, 622-2/37 Hans Kellinghusen, 21 h Korrespondenzen R–W, mit einer Laufzeit von 1920 bis 1960.

senschaftlichen Archivare, um die es personell gehen wird, lange Jahre zusammen arbeiteten, schrieben sie die Nachrufe größtenteils füreinander. Ein Nachruf versucht generell, die Leistungen einer Person herauszustellen; dass ein potentielles Fehlverhalten während des Nationalsozialismus unerwähnt bleibt oder beschönigt wird, ist wenig verwunderlich.

Zuletzt ist noch zu erwähnen, dass Begriffe wie „arisch" und „Ariernachweis" zeitgenössische Begriffe sind und der Terminologie der Nationalsozialisten entstammen. Bereits der Begriff der „Juden" umfasst eine Gruppe Menschen, die aus fiktiven Rasseaspekten gebildet wurde und deren Einteilung damit jeglicher Grundlage entbehrt und weder Aussagen über die Religionszugehörigkeit der Menschen macht noch über deren Selbstverständnis. Zur Verbesserung der Lesbarkeit wird jedoch bei der Benutzung derartiger zeitgenössisch geprägter Begriffe auf die Verwendung von Anführungszeichen verzichtet.

2. Das Staatsarchiv als Teil der hamburgischen Verwaltung und sein Personal

Aus der Threse entwickelte sich, wie bereits erwähnt, das Stadtarchiv.[27] Da Hamburg als Stadtstaat traditionell keine Trennung zwischen Staats- und Gemeindeverwaltung kennt, ist das Archiv gleichzeitig Stadt- und Staatsarchiv. Dort werden die behördlichen Akten der Stadt wie auch des Landes Hamburg gesammelt und aufbewahrt. Im Namen spiegelt sich dies seit 1900 durch die Umbenennung von Stadt- in Staatsarchiv wider.[28]

Als im Jahr 1933 die Nationalsozialisten an die Macht kamen, arbeiteten im Staatsarchiv 36 Beschäftigte, die auf fünf Abteilungen verteilt waren.[29] In der Abteilung I waren die allgemeinen Dienstgeschäfte unter der Leitung des Direktors Heinrich Reincke zusammengefasst. Die Abteilung II bildete die personenkundliche Abteilung unter der Leitung von Hans Kellinghusen, wo Ahnenforschung betrieben wurde. Für das Urkundenarchiv und die „Ausbesserungswerkstatt" war Erich von Lehe in der Abteilung III zuständig und Kurt Detlev Möller ab 1934 als Leiter der Abteilung IV für die Bibliothek, den Lesesaal und die Archivbenutzung. Der wissenschaftliche Assistent Alfred Dreyer leitete die Abteilung V, zuständig für Ordnungsarbeiten und Vernichtung von Aktengut. Diese Abteilung V wurde 1938 mit dem neu zu Hamburg gekommenen ehemaligen Stadtarchiv Altona zur Abteilung VI und die Dienststelle Altona unter der Führung des Archivrats Paul Hoffmann wurde in Abteilung V umbenannt.[30] Das Staatsarchiv hatte in der letzten Hälfte der 1920er Jahre durchschnittlich rund 320 Nutzer pro

---

27 Flamme: Übersicht über die Bestände, S. 13.

28 Die offizielle Umbenennung erfolgte am 2.3.1900, vgl. Peter Gabrielsson: „... anstelle einer Historischen Kommission" – Zum Zusammenwirken von Staatsarchiv und Verein für Hamburgische Geschichte, in: Zwischen Verwaltung und Wissenschaft. Beiträge zur Geschichte und Gegenwart des Staatsarchivs Hamburg, hrsg. von Hans Wilhelm Eckardt und Peter Gabrielsson (Beiträge zur Geschichte Hamburgs, 26), Hamburg 1985, S. 23–36, hier: S. 25.

29 Staatsarchiv Hamburg, 133-1 II Staatsarchiv II, Nr. 17: 16800/1935, Aufstellung von Heinrich Reincke über den Personalbestand [ohne Datum].

30 Staatsarchiv Hamburg, 133-1 II Staatsarchiv II, Nr. 13: 16/1935, Aufstellung der Verteilung der Dienstgeschäfte vom 6.5.1936, sowie: Handbuch der Hansestadt Hamburg 1939, hrsg. vom Hauptverwaltungsamt, Hamburg 1939, S. 99 f.

Jahr[31] und war ab 1934 mit vier wissenschaftlichen Archivaren im reichsweiten Vergleich gut besetzt.[32]

Nach der Ernennung Hitlers zum Reichskanzler kam die NSDAP am 8. März 1933 in Hamburg an die Macht.[33] Schon im ersten Monat wurde auf reichsweiter Ebene eine Reihe richtungweisender Gesetze erlassen. Nachdem die Nationalsozialisten mit dem sogenannten Ermächtigungsgesetz die Gewaltenteilung aufgehoben hatten, trat am 7. April 1933 das Gesetz zur Wiederherstellung des Berufsbeamtentums, kurz Berufsbeamtengesetz, in Kraft. Dieses Gesetz regelte, dass Beamte, die nicht arischer Herkunft waren oder bei denen Zweifel an der politischen Verlässlichkeit bestanden, in den Ruhestand zu versetzen seien.[34] Neben der Bedeutung dieses Gesetzes für das Archiv in Bezug auf die Ausstellung von Ariernachweisen (vgl. Kapitel 3), traf dieses Gesetz das Archiv als Behörde der hamburgischen Verwaltung. So empfahl der im Mai 1933 neu eingesetzte Direktor Reincke, den seit über 40 Jahren im Staatsarchiv tätigen Amtmann Adolph Lindenkohl aufgrund seiner Zugehörigkeit zur sozialdemokratischen Partei gemäß § 6 des Berufsbeamtengesetzes in den Ruhestand zu versetzen.[35] Er schrieb Ende des Jahres 1933: „Nach der im Laufe des Jahres durchgeführten Säuberung ist der Beamten- und der Angestelltenkörper gut, teilweise

[31] Statistisches Jahrbuch für die Freie und Hansestadt Hamburg 1929/30, hrsg. vom Statistischen Landesamt, Hamburg 1930, S. 406. Durchschnitt der Zahlen aus den Jahren 1925–1929. Dabei wurden die Nutzer und nicht deren Besuche gezählt.

[32] Musial: Staatsarchive, S. 30. Für Hamburg gibt Musial mit Stand 1936 fünf Archivare im höheren Dienst bei einer Gesamtbelegschaft von 54 an. Zu dieser Zeit arbeiteten aber nur vier wissenschaftliche Archivare in Hamburg, mit der Dienststelle Altona kam mit dem Archivrat Hoffmann erst 1937 ein fünfter hinzu.

[33] Ursula Büttner: Der Aufstieg der NSDAP, in: Hamburg im „Dritten Reich", hrsg. von der Forschungsstelle für Zeitgeschichte in Hamburg, 2. Aufl., Hamburg 2008, S. 27–65, hier: S. 65.

[34] Vgl. §§ 3 (1) und 4 des Gesetzes zur Wiederherstellung des Berufsbeamtentums vom 7.4.1933, in: RGBl. I, 1933, S. 175.

[35] Staatsarchiv Hamburg, 131-15 Senatskanzlei – Personalakten, Nr. D 14: Schreiben von Heinrich Reincke an den Hamburger Senat am 18.9.1933, vgl. auch Joist Grolle: Hamburg und seine Historiker, Hamburg 1997, S. 129 f. Eine Wiedereinstellung im Jahre 1945 lehnte Reincke ab mit Verweis auf das hohe Alter Lindenkohls und der bereits erfolgten Besetzung der Stelle: „Die von ihm erbetene Genugtuung wird ihm also in anderer Form gewährt werden müssen", Staatsarchiv Hamburg, 133-1 II Staatsarchiv II, Nr. 53: 4027/1940, Schreiben von Heinrich Reincke an das Personalamt vom 6.8.1945.

sehr gut."[36] Aufgrund eines jüdischen Urgroßvaters wurde 1934 wohl auch der Assessor Hans Hertz nicht in den Dienst übernommen.[37] Er blieb dem Staatsarchiv jedoch weiterhin eng verbunden (vgl. Kapitel 4.3 und 5.2).

Gemessen an anderen hamburgischen Behörden und auch an anderen Archiven, in denen ganze Führungsetagen ausgewechselt[38] oder langjährige und verdiente Mitarbeiter entlassen wurden[39], mussten im Staatsarchiv nur wenige Mitarbeiter gehen. Es fällt jedoch auf, wie bereitwillig auch hier sozialdemokratische und jüdische Kollegen entlassen wurden. Von einer Antipathie oder Weigerung gegen die Maßnahmen ist in den zur Verfügung stehenden Quellen nichts zu merken. Reichsweit kam es vereinzelt zu kleineren Akten der Unmutsbekundung, wie das kurzzeitige Hissen der schwarz-weiß-roten Fahne bei Bekanntwerden der Wahlergebnisse am 30. Januar 1933 im Reichsarchiv. Insgesamt verlief der Übergang zum Nationalsozialismus bei den Archiven jedoch auch im überregionalen Vergleich nahezu reibungslos und ohne größere Widerstände.[40]

Der Regierungswechsel hatte erhebliche Auswirkungen auf den Aufbau der Verwaltung. Schon am 31. März 1933 wurde mit dem vorläufigen Gesetz über die Gleichschaltung der Länder die Gewaltenteilung auf Länderebene aufgehoben. Die Landesparlamente, in Hamburg die Bürgerschaft, wurden als Legislative überflüssig, da die Landesregierungen, der hamburgische Senat, die Befugnis erhielten, Gesetze zu verabschieden.[41] Auf Grundlage dieses und weiterer Gesetze zur Gleichschaltung wurde in Hamburg ein sogenannter Reichsstatthalter eingesetzt mit dem Ziel, die Reichspolitik auf hamburgischer Ebene umzusetzen. Von 1933 bis zum Ende der NS-Herrschaft besetzte Karl Kaufmann diese Position.[42] Faktisch lag die gesamte politische Macht in seinen Händen und nicht in denen des

---

[36] Staatsarchiv Hamburg, 133-1 II Staatsarchiv II, Nr. 23: 19822/1936, Schreiben von Heinrich Reincke an Senator Curt Rothenberger vom 21.12.1933.

[37] Staatsarchiv Hamburg, 131-15 Senatskanzlei – Personalakten, Nr. C 195: Schreiben vom 14.3.1934.

[38] Lohalm: Wohlfahrtsdiktatur, S. 24.

[39] Herrmann: Reichsarchiv, S. 290.

[40] Ebd., S. 287.

[41] Uwe Lohalm: „Modell Hamburg". Vom Stadtstaat zum Reichsgau, in: Hamburg im „Dritten Reich", hrsg. von der Forschungsstelle für Zeitgeschichte in Hamburg, 2. Aufl., Göttingen 2008, S. 122–153, hier: S. 122.

neu gewählten Bürgermeisters Carl Vincent Krogmann.[43] Da Kaufmann der Gemeinde- und der Staatsverwaltung vorstand, war nirgendwo sonst im Reich das Prinzip der politischen Gleichschaltung so vollständig umgesetzt und so sehr auf eine Person vereinigt wie in Hamburg.[44]

Die Struktur der bisherigen Verwaltungsorganisation änderte sich. Es wurden Verwaltungszweige aufgeteilt und neue Behörden geschaffen. Insgesamt entstanden zehn Behörden und sechs Ämter. Das Staatsarchiv bildete eines dieser Ämter unter Zuständigkeit des Senators Curt Rothenberger und es unterstand, wie alle Behörden und Ämter, direkt dem Reichsstatthalter.[45]

In den Jahren 1937/1938 wurde die Verwaltung im Rahmen des Vierjahresplans für die Vorbereitung auf den Krieg durch das sogenannte Groß-Hamburg-Gesetz nochmals vollkommen verändert. Mit dem Gesetz über die Verfassung und Verwaltung der Hansestadt Hamburg vom 9. Dezember 1937, das am 1. April 1938 in Kraft trat, hörte das bisherige „Land“ Hamburg auf zu bestehen und an seine Stelle trat die „Hansestadt Hamburg“. Es kam zu einer Trennung der Gemeinde- von der Staatsverwaltung, auch wenn Kaufmann an der Spitze beider Verwaltungen verblieb.[46]

Das Staatsarchiv Hamburg wurde Teil der Gemeindeverwaltung, was sich in der Umbenennung von „Staatsarchiv Hamburg“ in „Archiv der Hansestadt Hamburg“ erkennen lässt. Durch die Einordnung in die Gemeindeverwaltung hatte es offiziell nur noch die Funktionen eines Stadtarchivs inne. Inoffiziell versah es jedoch weiterhin die Tätigkeit eines Staats- bzw. Landesarchivs und übernahm Akten der Staatsverwaltung. Dies war

---

[42] Zu Kaufmann: Frank Bajohr: Hamburgs „Führer“. Zur Person und Tätigkeit des Hamburger NSDAP-Gauleiters Karl Kaufmann (1900–1969), in: Hamburg in der NS-Zeit. Ergebnisse neuerer Forschungen, hrsg. von Frank Bajohr und Joachim Szodrzynski (Forum Zeitgeschichte, 5), Hamburg 2005, S. 59–91.

[43] Carl Vincent Krogmann (1889–1978) war von 1933 bis 1938 Erster Bürgermeister Hamburgs, von 1938 bis zum Ende des Nationalsozialismus hauptamtlicher Erster Beigeordneter mit dem Titel „Bürgermeister“.

[44] Lohalm: „Modell Hamburg“, S. 126.

[45] Ebd., S. 126 f.

[46] Gesetz über die Verfassung und Verwaltung der Hansestadt Hamburg vom 9. Dezember 1937, Art. I, § 1 (3): „An der Spitze der Hansestadt Hamburg steht der Reichsstatthalter“, in: RGBl. I, 1937, S. 1327.

nicht in einem Gesetz festgehalten, sondern lediglich von Kaufmann in einer Verwaltungsberatung festgelegt worden.[47] Offiziell wurde das Archiv ein selbstständiges Amt unter der Leitung des Direktors, der unmittelbar dem Bürgermeister als Leiter der Gemeindeverwaltung unterstand, der wiederum Kaufmann unterstand. In seiner Tätigkeit als Leiter eines selbstständigen Amtes nahm der Direktor des Archivs an den Verwaltungssitzungen der Gemeinde, den sogenannten Senatsberatungen, teil und an den Ratsherrenberatungen.[48]

Die größten Auswirkungen hatte das Groß-Hamburg-Gesetz von 1937 durch die darin bestimmten Gebietsveränderungen. Mit der Abgabe der Städte Cuxhaven und Geesthacht und einiger anderer Gemeinden und durch die Übernahme von Städten und Gemeinden wie Altona, Wandsbek und Harburg-Wilhelmsburg wurde Hamburg zu einem flächenmäßig zusammenhängenden Gebiet. Hamburgs Fläche wuchs um 80 Prozent, die Einwohnerzahl nahm um 40 Prozent zu.[49] Diese Gebietsveränderungen hatten auch Auswirkungen auf das Staatsarchiv. Da Akten gemäß dem Provenienzprinzip dorthin gehören, wo sie entstanden sind, kam es zu einer verstärkten Ablieferung und zu einem Austausch von Archivalien (vgl. Kapitel 4).

Eine Eigenart des Hamburger Archives ist es, mit der Benennung von Verkehrsflächen betraut zu sein. Namensvorschläge für Straßen, Plätze oder Ähnliches oder deren Änderungen werden im Archiv auf ihre Würdigkeit hin geprüft. Vor allem geht es darum, Doppelbenennungen zu vermeiden und die Gefahr von Verwechslungen zu senken. Durch den Gebietszuwachs musste sichergestellt werden, dass gleichlautende Straßennamen in der ehemals eigenständigen Stadt Altona nun nicht mehr vorkamen, wenn es sie schon in der Stadt Hamburg gab. Eine weitere Folge war, dass das Stadtarchiv Altona als Dienststelle dem Staatsarchiv unterstellt wurde. Zwar verblieb das Personal, bestehend aus einem Archivrat und zwei Angestellten, in Altona, sie unterstanden nun jedoch dem Direktor des Staatsarchivs. Von 1933 bis 1948 war das Heinrich Reincke.

---

47 Staatsarchiv Hamburg, 133-1 II Staatsarchiv II, Nr. 65: 810/1943, Schreiben von Heinrich Reincke an Ernst Zipfel vom 24.4.1943, Reincke dazu: „Eine weitere Fixierung wurde für unnötig erklärt".

48 Ebd.

49 Lohalm: „Modell Hamburg", S. 144.

2.1 Heinrich Reincke

Geboren wurde Heinrich Reincke am 21. April 1881 in Hamburg. Er stammte aus einer angesehenen, alteingesessenen Hamburger Familie. Sein Vater Julius Reincke war von 1892 bis zu seinem Tod 1906 als Medizinalrat an der Spitze des Gesundheitswesens tätig gewesen.[50] Heinrich Reincke besuchte ab 1891 das Johanneum und studierte im Anschluss in Erlangen und Bonn Rechts- und Staatswissenschaften. Im Jahr 1906 wurde er mit der Arbeit „Der alte Reichstag und der neue Bundesrat"[51] zum Dr. jur. promoviert. Schon 1909 trat er in den Dienst des Staatsarchivs Hamburg ein.[52] Unterbrochen wurde dieser von 1915 bis 1918 durch Reinckes Einsatz im Ersten Weltkrieg.[53]

Neben seiner Arbeit im Archiv befasste er sich in außerordentlichem Maße mit der wissenschaftlichen Geschichtsforschung. Bis zu seinem Tod veröffentlichte Reincke mehr als 120 Monographien und Aufsätze, darunter auch grundlegende Quellenaufarbeitungen.[54] Von der Geschichte des sächsischen Hauses über die Fischerei auf der Oberelbe bis hin zu Heinrich dem Löwen – seine Interessen und Forschungsgebiete waren vielfältig. Einen Schwerpunkt bildete dabei die hamburgische Geschichte, insbesondere die Geschichte des Stadtrechtes, der territorialen Entwicklung und der Bevölkerung.

Zum Mai 1933 wurde Reincke, nachdem er 1920 zum Archivrat ernannt worden war, Direktor des Staatsarchivs Hamburg. Diese Tatsache darf angesichts des Zeitpunkts nicht überbewertet werden. Eine politische Protektion kann zwar nicht ganz ausgeschlossen werden, erscheint aber unwahrscheinlich. So gehörte Reincke keiner politischen Partei an und trat erst 1937 in

---

50 Hans Kellinghusen: Heinrich Reincke. Nachruf, in: ZHG 47 (1961), S. 1–15, hier: S. 1.

51 Heinrich Reincke: Der alte Reichstag und der neue Bundesrat (Abhandlungen aus dem Staats-, Verwaltungs- und Völkerrecht, 2,1), Tübingen 1906.

52 Joist Grolle: Art. Reincke, Heinrich, in: Hamburgische Biografie. Personenlexikon, Bd. 1, hrsg. von Franklin Kopitzsch und Dirk Brietzke, Hamburg 2001, S. 248 f., hier: S. 248.

53 Reinckes Lebenslauf s.: Staatsarchiv Hamburg, 133-1 Staatsarchiv II, Nr. 97.

54 Eine vollständige Bibliographie bei Annelise Tecke: Bibliographische Übersicht über das Schaffen Heinrich Reinckes. In zeitlicher Reihenfolge zusammengestellt, in: ZHG 41 (1951), S. 408–415.

die NSDAP ein.[55] Das Ausscheiden seines Vorgängers Hans Nirrnheim mit Erreichen der Altersgrenze war absehbar gewesen und Reincke der Einzige, der als Nachfolger in Frage kam.[56] Nirrnheim schlug die Nachfolge selber vor, da Reincke „durch die Verbindung juristischer mit historischer Vorbildung für dieses Amt im besonderem Maße geeignet erscheint und dank seiner langjährigen Tätigkeit im Staatsarchiv mit dessen Aufgaben und Arbeiten innig vertraut"[57] war.

Der späte Eintritt Reinckes in die NSDAP im Mai 1937 ist dabei jedoch wahrscheinlich der Mitglieder-Aufnahmesperre geschuldet, die die Nationalsozialisten im April 1933 eingerichtet hatten. Sie war verhängt worden, um den Elitestatus der Partei zu erhalten, nachdem sie nach der sogenannten Machtergreifung starken Zulauf bekommen hatte. Im Mai 1937 wurde diese Sperre aufgehoben und nun wurde erwartet und gefordert, dass in die Partei eingetreten wurde. Dennoch ist Reinckes Eintritt zu diesem späten Zeitpunkt ungewöhnlich. Verglichen mit den anderen Hamburger Behörden und vor allem verglichen mit anderen Archiven, war die Zahl der NSDAP-Mitglieder in der Beamtenschaft des Staatsarchivs Hamburg äußerst gering. Musial ermittelte für 1933, dass bereits zu diesem Zeitpunkt 80 Prozent der Archivare in der NSDAP waren.[58] In Hamburg gehörte keiner der wissenschaftlichen Archivare vor 1937 der NSDAP an. Sie engagierten sich jedoch in anderen NS-Organisationen. Wie fast alle Archivare reichsweit war Reincke 1933 dem Reichsbund der Deutschen Beamten (RDB) beigetreten, 1934 der Nationalsozialistischen Volkswohlfahrt (NSV) und dem NS-Altherrenbund. 1936 trat er dem NS-Reichskriegsbund bei. Es ist daher nicht auszuschließen, dass Reincke, sofern er die Möglichkeit gehabt hätte, auch zu einem früheren Zeitpunkt der NSDAP beigetreten wäre.

Reincke war zudem schon in den 1920er Jahren Mitglied im Kirchenvorstand und in der Hamburger Synode. 1933 schloss er sich den Deutschen

---

[55] Staatsarchiv Hamburg, 131-15 Senatskanzlei – Personalakten, Nr. D 145: Fragebogen des Military Government of Germany vom 19.6.1945, dazu auch Grolle: Historiker, S. 128.

[56] Grolle: Historiker, S. 127.

[57] Staatsarchiv Hamburg, 131-10 I Senatskanzlei – Personalabteilung I, Nr. 1933 Ja III 19: Schreiben von Hans Nirrnheim an die Personalabteilung vom 8.4.1933.

[58] Musial: Staatsarchive, S. 33; Weiser: Preußische Archivverwaltung, S. 149.

Christen an und unterstützte den Landesbischof Simon Schöffel.[59] Schöffel war 1933 zum Landesbischof bestimmt worden und unterstützte den Nationalsozialismus, indem er unter anderem das Führerprinzip in der Hamburger Kirche umsetzte und die Gleichschaltung der evangelischen Kirche vorantrieb.[60] In seinen Predigten und Vorträgen machte Schöffel aus seiner Sympathie gegenüber der NS-Ideologie keinen Hehl. Durch ihn wurde die Akzeptanz für den Nationalsozialismus im christlich geprägten Bürgertum, zu dem auch Reincke gezählt werden kann, gestärkt.[61] Von 1933 bis 1934 war Reincke Mitherausgeber der „Hamburgischen Kirchenzeitung", stellvertretender Vorsitzender des vorläufigen Landeskirchenrates und Mitglied der Disziplinarkammer.[62] Damit hatte er wichtige und einflussreiche Ämter inne. 1934 legte er diese angesichts der inneren kirchlichen Entzweiung und des Rücktritts des Landesbischofs Schöffel nieder. Schöffel war unter anderem aufgrund von Rivalitäten mit dem Reichsleiter der Deutschen Christen entlassen worden. In der ersten Ausgabe der Kirchenzeitung, die nicht mehr von Reincke mit herausgegeben wurde, wird den bisherigen Herausgebern gedankt, dass sie die Zeitung auf einen neuen Weg gebracht und „dem Leser die Aufgaben der Kirche in ihrem Verhältnis zu Volk und Staat [...] aufzuzeigen versucht"[63] hätten.

Nebenbei war Reincke in mehreren wissenschaftlichen Vereinen tätig. Er war von 1922 bis 1932 sowie von 1938 bis 1960 im Vorstand des Vereins für Hamburgische Geschichte (VHG), dem er seit 1907 angehörte, und von 1933 bis 1935 Vorsitzender der Zentralstelle für niedersächsische Familienforschung (ZNF). Letztere hatte bereits im Juni 1933 unter Reinckes Ägide den Arierparagraphen eingeführt, was hieß, dass Mitglieder nicht jüdischer

---

59 Grolle: Historiker, S. 128. Zu Reinckes kirchlichem Engagement siehe den Beitrag von Erich von Lehe im Anhang von Heinrich Reincke: Hamburg am Vorabend der Reformation, Hamburg 1966, S. 119 und 122–125.

60 Rainer Hering: Art. Schöffel, Johann Simon, in: Hamburgische Biografie. Personenlexikon, Bd. 1, hrsg. von Franklin Kopitzsch und Dirk Brietzke, Hamburg 2001, S. 275 f., hier: S. 275.

61 Rainer Hering: Das Führerprinzip in der Hamburger Kirche. Vor 70 Jahren: Amtseinführung des ersten Hamburger Landesbischofs am 11. Juni 1933 (Veröffentlichungen des Archivs des Kirchenkreises Alt-Hamburg, 18), Hamburg 2003, S. 44.

62 Vgl. Hamburgische Kirchenzeitung, Ausgabe Nr. 8/1933 vom 19.8.1933, S. 57 und Ausgabe Nr. 9/1933 vom 20.9.1933, S. 71.

63 Hamburgische Kirchenzeitung, Ausgabe Nr. 3/1934 vom 22.3.1934, S. 19.

Herkunft sein durften.[64] Als Vorsitzender der Zentralstelle machte Reincke die Bekanntschaft mit dem Sachverständigen für Rasseforschung (SfR), Achim Gercke. Die Institution des SfR war von der Regierung ins Leben gerufen worden, um bei Zweifelsfällen in Abstammungssachen zu entscheiden.[65] Ab 1934 war die ZNF dem unter Gerckes Leitung stehenden Reichsverein für Sippenforschung und Wappenkunde eingegliedert worden. Reincke zufolge diente dies vor allem dazu „den Boden zu schaffen für die Arbeit am rassischen Neuaufbau des deutschen Volkes".[66] Gerckes Planungen sahen vor, dass Reincke den Vorsitz des Landesvereins für Sippenforschung und Wappenkunde übernehmen sollte, wozu es jedoch aufgrund von Gerckes Absetzung nicht mehr kam. Reincke legte im September 1935 den Vorsitz nieder.[67]

Reincke stand einigen Ideen des Nationalsozialismus durchaus nicht ablehnend gegenüber. Sie fanden Eingang in seine Forschung. Ein Beispiel, das Joist Grolle in seinem Aufsatz über Reincke wählt, ist die Überarbeitung seines 1925 erschienenen Buches „Hamburg. Ein Abriß der Stadtgeschichte von den Anfängen bis zur Gegenwart".[68] Das Buch erschien 1933 mit dem Titel „Hamburg. Einst und Jetzt" in einer überarbeiteten Ausgabe.[69] Die grundlegenden Forschungsergebnisse sind in beiden Werken gleichermaßen enthalten, der Unterschied besteht in der Präsentation.[70] Zum einen fällt eine Verschiebung des Schwerpunktes hin zur Entstehung Hamburgs und zur Hansezeit auf, was der Wertung der Nationalsozialisten zur

64 Manfred Asendorf: Von verschämtem Antisemitismus zum „Arierparagraphen" – der Verein für Hamburgische Geschichte und die Ausgrenzung seiner jüdischen Mitglieder, in: Blätter für deutsche Landesgeschichte 141/142 (2005/2006), S. 159–287, hier: S. 232.

65 Siehe weiterführend zu Gercke: Diana Schulle: Das Reichssippenamt. Eine Institution nationalsozialistischer Rassenpolitik, Berlin 2001.

66 Heinrich Reincke: Eingliederung in den Reichsverein (RSW), in: Zeitschrift für niedersächsische Familienkunde (1934), S. 169, zitiert nach: Asendorf: Verschämter Antisemitismus, S. 235.

67 Asendorf: Verschämter Antisemitismus, S. 236.

68 Heinrich Reincke: Hamburg. Ein Abriß der Stadtgeschichte von den Anfängen bis zur Gegenwart, Bremen 1925.

69 Heinrich Reincke, Walter Hävernick, Gustav Schlotterer (Hg.): Hamburg. Einst und Jetzt, Hamburg 1933.

70 Grolle: Historiker, S. 124.

frühen germanisch-deutschen Volks- und Reichsgeschichte entspricht.[71] Zum anderen fehlten die Passagen zur Judenemanzipation und verdiente Hamburger, die Juden waren, wurden ausdrücklich als solche benannt. Dem Reeder Albert Ballin, der jüdischer Herkunft war, wurde das Attribut „genial" aberkannt.[72]

Wie wenig Probleme Reincke mit der Anpassung seiner Texte an die wechselnden politischen Ausrichtungen hatte, zeigt die Änderung seines Vorworts zur Urkundensammlung „Hamburgs Weg zum Reich". Vom Staatsarchiv zum 750-jährigen Hafengeburtstag 1939 herausgegeben, sind in der Sammlung die wichtigsten Urkunden der Stadt Hamburg zusammengefasst und ediert.[73] Im Vorwort der Ausgaben, die in vielen Lesesälen von Bibliotheken und auch des heutigen Staatsarchivs steht, liest man heute:

> „So mündet von den beiden durchlaufenden Linien, die von der Schöpfung der Neustadt und des Hafens im Jahre 1189 in eine zunächst noch ungewisse Zukunft führten, die politische nicht anders als die wirtschaftliche in dem gleichen Endziel: im Groß-Hamburg der Gegenwart, das sich stolz nach wie vor eine Hansestadt nennen darf, das aber seinen Lebensauftrag allein erhält vom gesamten Deutschland!"

Dieses Vorwort erhielt die Urkundensammlung durch eine stillschweigende Änderung erst im Jahre 1947. Vorher „mündeten die beiden durchlaufenden Linien […] in dem gleichen Endziel: im Groß-Hamburg Adolf Hitlers, das sich stolz nach wie vor eine Hansestadt nennen darf, das aber seinen Lebensauftrag allein erhält vom Großdeutschen Reich!"[74] Dass es zu einer Änderung des Vorworts gekommen war, wurde nicht gekennzeichnet.

Auf dem Fragebogen zur Entnazifizierung nach eigenen politischen Veröffentlichungen und Reden gefragt, antwortete Reincke, dass es sich um

[71] Ebd., S. 130.

[72] Vgl. in „Hamburg. Ein Abriß", S. 273 und in „Hamburg. Einst und Jetzt" S. 95, vgl. außerdem: Grolle: Historiker, S. 133 f.

[73] Heinrich Reincke (Hg.): Hamburgs Weg zum Reich und in die Welt. Urkunden zur 750-Jahr-Feier des Hamburger Hafens, Hamburg 1939.

[74] Staatsarchiv Hamburg, 133-1 Staatsarchiv II, Nr. 45: 20297/1939, Vordruck des Vorwortes.

„[n]ur unpolitische geschichtliche Reden u. Veröffentlichungen"[75] gehandelt habe. Gerade im Nationalsozialismus hatten geschichtliche Reden und Veröffentlichungen oft jedoch politische Hintergründe. Reinckes Forschung ist stark geprägt von der kritiklosen Übernahme nationalsozialistischer Inhalte und dem entsprechenden Vokabular.

Neben seinen Tätigkeiten im Archiv und in der Forschung hatte er schon 1919 angefangen, juristische und historische Vorlesungen an der neu gegründeten Universität in Hamburg zu halten. 1925 wurde er Privatdozent und 1928 wurde ihm der Professorentitel verliehen. 1931 erhielt er eine außerordentliche Professur (ab 1940 eine Honorarprofessur) für Mittlere und Neuere Geschichte.[76] Außerdem übte er mehrere Nebentätigkeiten aus. Er war zum Beispiel ab 1939 Mitschriftleiter der Hansischen Geschichtsblätter[77] und ab 1940 Abwesenheitspfleger der Church of England[78]. Von 1943 bis 1945 hatte er auch die kommissarische Leitung der fast vollständig zerstörten Staats- und Universitätsbibliothek übernommen (von 1938 bis 1945: „Bibliothek der Hansestadt Hamburg").

Reincke war stark durch seine Herkunft geprägt. Sein Stolz darauf, Hamburger zu sein, scheint gelegentlich in den Korrespondenzen durch, die er als Archivdirektor mit den verschiedensten Stellen und Personen geführt hat. So berichtete er mit Wehmut einem Nutzer, der sich unter anderem für die Geschichte des Hamburger Wasserträgers Wilhelm Benz, genannt Hummel, interessierte: „Wer auf das Feldgeschrei Hummel Hummel die richtige Antwort weiß, der erweist sich als ein echter Hummel, das heißt als Hamburger. Im Weltkrieg haben wir Hamburger aus verschiedenen Truppenteilen uns so stets voneinander zu erkennen gegeben in ungezählten Malen, und schon 1870 soll es nicht anders gewesen sein."[79] Auch

[75] Staatsarchiv Hamburg, 131-15 Senatskanzlei – Personalakten, Nr. D 145: Fragebogen des Military Government of Germany vom 19.6.1945.

[76] Staatsarchiv Hamburg, 133-1 Staatsarchiv II, Nr. 97: Lebenslauf Heinrich Reinckes.

[77] Eine vollständige Auflistung von Reinckes Nebenbeschäftigungen mit Stand 1939 siehe: Staatsarchiv Hamburg, 133-1 Staatsarchiv II, Nr. 3: 2216/1933.

[78] Staatsarchiv Hamburg, 133-1 Staatsarchiv II, Nr. 55: 10660/1940, Schreiben von Heinrich Reincke an die Personalabteilung vom 23.9.1940.

[79] Staatsarchiv Hamburg, 133-1 Staatsarchiv II, Nr. 29: 21114/1937, Schreiben von Heinrich Reincke an den Nutzer Prof. Dr. Tardel vom 11.12.1937.

wenn er sich wegen seiner schlechten Gesundheit von diversen Operationen erholte und auf Kuren nach Süddeutschland fuhr, wird dort seine Wertschätzung Hamburgs deutlich. In den Briefen, die er an seinen Stellvertreter Kellinghusen schrieb und die in dessen wissenschaftlichem Nachlass erhalten sind, berichtete er mehrfach positiv von Bekanntschaften, die er während seiner Aufenthalte gemacht hatte, die „sofort als offenbar norddeutsch“[80] auffielen. In Kriegszeiten schrieb er aus Wien fast schon überrascht, dass die Menschen dort „die Unbequemlichkeiten mit dem gleichen Anstand [tragen], wie wir Hamburger“.[81]

Reincke war seit 1920 mit der Witwe Theodore Schmidt, geb. Blumenbach verheiratet. Seine Frau brachte vier Kinder mit in die Ehe, das Ehepaar hatte noch zwei gemeinsame Kinder. Dies führte zu einer großen nervlichen Belastung, als die Söhne im Zweiten Weltkrieg an der Front standen. Einer seiner Stiefsöhne bekam 1943 das Ritterkreuz verliehen und fiel im Dezember 1944.[82]

Im Dezember 1945 wurde Reincke von der britischen Militärregierung seines Amtes enthoben, im Oktober 1946 jedoch wieder eingesetzt.[83] Im Januar 1948 ging er mit Erreichen der Altersgrenze in den Ruhestand.[84] Er konnte sich nun seiner wissenschaftlichen Forschung zuwenden und wurde vielfach dafür geehrt. Der VHG, der traditionsgemäß eine enge Beziehung zum Staatsarchiv hatte[85], gab zu Reinckes 70. Geburtstag eine Fest-

80 Staatsarchiv Hamburg, 622-2/37 Hans Kellinghusen, Nr. 21 h: Schreiben von Heinrich Reincke vom 29.9.1941 aus Semmering, vgl. auch das Schreiben vom 17.3.1937.

81 Ebd.

82 Staatsarchiv Hamburg, 133-1 Staatsarchiv II, Nr. 64: 130/1943, Briefwechsel zwischen Heinrich Reincke und Staatsrat a.D. Adolf Bruehl 1944–1945.

83 Staatsarchiv Hamburg, 131-15 Senatskanzlei – Personalakten, Nr. D 145: Schreiben der Senatskanzlei an das Personalamt vom 27.9.1946.

84 Grolle: Reincke, S. 249.

85 Nach Johann Martin Lappenberg (1794–1865), Archivdirektor und Mitbegründer des VHG, waren seit Hans Nirrnheim (Vorsitz seit 1912, Archivdirektor von 1926–1933) die Archivdirektoren gleichzeitig Vorsitzende, bis Joist Grolle 2007 den Vorsitz übernahm. Siehe weiterführend dazu: Gabrielsson: Zusammenwirken, sowie die noch nicht erschienene Arbeit: Gunnar Zimmermann: Bürgerliche Geschichtswelten in einer modernen Metropole. Der Verein für Hamburgische Geschichte in den Jahren 1912 bis 1974. Ich danke Herrn Zimmermann für die mündliche Auskunft.

schrift heraus. Zu seinem 75. Geburtstag bekam er von der Universität Hamburg die Ehrendoktorwürde verliehen und der VHG zeichnete ihn mit seiner höchsten Auszeichnung aus, der Lappenberg-Medaille in Gold.[86] Reincke starb am 3. November 1960.

2.2 Hans Kellinghusen

Immer im Schatten Reinckes befand sich sein Stellvertreter Hans Kellinghusen, der bisher noch nicht im Fokus der Forschung stand.[87] Er wurde am 30. März 1885 in Bergedorf geboren und besuchte das Gymnasium in Lüneburg. Er studierte Geschichte, Deutsch und Latein in Berlin, München und Göttingen und promovierte schließlich 1908 zum Thema „Das Amt Bergedorf. Geschichte seiner Verfassung und Verwaltung bis zum Jahre 1620".[88] 1909 trat er als wissenschaftlicher Hilfsarbeiter in den Dienst des Staatsarchivs, zeitgleich mit Reincke, wurde jedoch erst sechs Jahre nach diesem 1926 zum Archivrat ernannt.[89] Unterbrochen wurde auch bei ihm die Tätigkeit durch seinen Einsatz im Ersten Weltkrieg. Als 1933 die Nachfolge des ausscheidenden Direktors Nirrnheim anstand, wurde Reincke vorgezogen. Kellinghusen erhielt im gleichen Jahr die Amtsbezeichnung Professor und wurde stellvertretender Direktor. Diese Funktion musste er aufgrund Reinckes angeschlagener Gesundheit häufiger ausüben. Kellinghusen leitete zur Zeit des Nationalsozialismus die personenkundliche Abteilung des Staatsarchivs, die von den Nationalsozialisten für die Erstellung der Ariernachweise instrumentalisiert wurde.

---

86 Kellinghusen: Nachruf Reincke, S. 15.

87 Im Gegensatz zu Reincke und Möller spielt Kellinghusen in der hamburgischen Geschichtsforschung keine große Rolle und so ist seine Person noch unerforscht.

88 Hans Kellinghusen: Das Amt Bergedorf. Geschichte seiner Verfassung und Verwaltung bis 1620, Hamburg 1908.

89 Staatsarchiv Hamburg, 221-11 Staatskommissar für die Entnazifizierung und Kategorisierung, Nr. Z 8041: Angabe Kellinghusens auf dem Fragebogen der britischen Militärregierung vom 19.6.1945. Außerdem: Staatsarchiv Hamburg, 131-15 Senatskanzlei – Personalakten, Nr. D 131: Anstellungsurkunde für Beamte des hamburgischen Senats vom 8.3.1926.

Abb. 1: Porträt Hans Kellinghusen (1885–1971)

Schon früh befasste sich Kellinghusen im Staatsarchiv mit der Familienforschung. In seinem Nachruf heißt es, Kellinghusen habe 1909 „in der neu begründeten familienkundlichen Abteilung, die kurz vorher den größten Teil der hamburgischen Kirchenbücher übernommen hatte, seine große Aufgabe“[90] gefunden. Auch privat beschäftigte er sich mit Familienforschung. 1909 war er dem Vorstand des neu gegründeten Hamburgischen Vereins für Familiengeschichte, Siegel- und Wappenkunde beigetreten und gab von 1923 bis 1927 die Zeitschrift der ZNF heraus.[91] Seinen eigenen Stammbaum konnte Kellinghusen bis zum Jahr 1507 zurückverfolgen, mit bekannten hamburgischen Persönlichkeiten wie dem Bürgermeister Heinrich Kellinghusen.[92] Anlässlich seiner Ernennung zum Ehrenmitglied des VHG im Jahr 1966 wurde Kellinghusen von der Zeitung „Die Welt“ als „Altmeister der hamburgischen Familien- und Personenforschung“[93] betitelt. Besonders die von ihm geschaffene Stammbaumsammlung brachte ihm diesen Ruf ein. Dass diese Sammlung einen großen Zuwachs durch die Arbeit an den antisemitischen Ariernachweisen fand und Anlaufstelle für die Recherche der Archivare dafür war[94], blieb unerwähnt.

Auch Kellinghusen trat 1937 der NSDAP bei. Wie bei Reincke erfolgte der Eintritt nach Aufhebung der Aufnahmesperre. Während seines Entnazifizierungsverfahrens gab Kellinghusen an, dies sei „auf Wunsch seines Vorgesetzten“[95] geschehen. Diese Aussage bezieht sich auf Kaufmanns Anweisung von 1937 an die Behördenleiter, dass sie ihre Mitarbeiter auffordern sollen, in die NSDAP einzutreten.[96] Dass der Eintritt jedoch aus-

---

90 Erich von Lehe: Nachruf Hans Kellinghusen, in: Der Archivar 24 (1971), Sp. 457 f., hier: Sp. 458.

91 Asendorf: Verschämter Antisemitismus, S. 193 und 195.

92 Heinrich Kellinghusen (1796–1879) war von 1843 bis 1860 Erster Bürgermeister in Hamburg und u. a. Begründer der Kellinghusen-Stiftung.

93 [Ohne Verfasser]: Auszeichnung für den Forscher Prof. Hans Kellinghusen, in: Die Welt, 10.12.1966, in: Staatsarchiv Hamburg, 731-8 Zeitungsausschnittssammlung, Nr. A 760 Hans Kellinghusen.

94 Hans Kellinghusen: Das Staatsarchiv und die Personenforschung, hrsg. vom Hamburgischen Staatsamt (Hamburg im Dritten Reich, 3), Hamburg 1935, S. 1.

95 Staatsarchiv Hamburg, 221-11 Staatskommissar für die Entnazifizierung und Kategorisierung, Nr. Z 8041: Angaben Kellinghusens auf einem Fragebogen vom 5.8.1949 unter Punkt 7 „Remarks and Recommendations“.

96 Uwe Lohalm: Garant nationalsozialistischer Herrschaft. Der öffentliche Dienst, in: Hamburg im „Dritten Reich“, hrsg. von der Forschungsstelle für Zeitgeschichte in Hamburg, 2. Aufl., Göttingen 2008, S. 54–187, hier: S. 178.

schließlich infolge von Reinckes Aufforderung und gegen Kellinghusens eigenen Willen geschah, wäre ein falscher Eindruck. Kellinghusen war seit 1933 Mitglied im RDB und seit 1934 Mitglied der NSV. Außerdem war er Kreismitarbeiter der NSDAP und Blockleiter seines Wohnbezirks in Bergedorf.[97] Letztere Tätigkeiten werden jedoch nicht in seinem Entnazifizierungsverfahren erwähnt und dementsprechend wurde er Anfang 1948, als „in keiner Weise aktivistisch betätigt"[98], in die Kategorie V als entlastet eingestuft. Im gleichen Jahr wurde er zum Oberarchivrat befördert, bevor er 1951 in den Ruhestand ging. Auch in der nachfolgenden Zeit blieb er dem Archiv eng verbunden und behielt dort ein eigenes Büro.

Kellinghusens Archivarslaufbahn stand immer im Schatten von Reincke. Selbst nach dessen Pensionierung 1948 wurde er nicht dessen Nachfolger, da er bereits zu alt für diese Stelle war. In einem Schreiben an das Personalamt empfahl Reincke Möller als seinen Nachfolger. Gegen Kellinghusen spräche neben seinem hohen Alter die Tatsache, dass „ihm Umsicht im Großen und eigene Initiative völlig abgeht".[99] Schon 1944 hatte Reincke in einem von ihm geforderten Befähigungsbericht geschrieben, Kellinghusen besäße eine „stets gleichmässige Hartnäckigkeit u. Zuverlässigkeit" und habe sich „große dauernde Verdienste um das Archiv erworben", gleichzeitig sprach er ihm aber „selbständige Initiation u. [...] Führereigenschaft" ab und endete damit, dass Kellinghusen, obwohl er „in der Arbeit der Partei [...] seit Jahren seinen Mann gestanden" habe, „zu leitender Stellung [...] nicht geeignet" sei.[100]

Auch in den zuständigen Stellen der britischen Militärregierung herrschte nach dem Krieg die Meinung, dass sich Kellinghusen nicht für

---

[97] Staatsarchiv Hamburg, 133-1 Staatsarchiv II, Nr. 66: 48/1944, Meldung des Staatsarchivs an das Hauptverwaltungsamt über den Stand des Personals vom 20.2.1944, sowie Staatsarchiv Hamburg, 133-1 Staatsarchiv II, Nr. 97: Befähigungsbericht von Heinrich Reincke über Hans Kellinghusen vom 12.5.1944.

[98] Staatsarchiv Hamburg, 221-11 Staatskommissar für die Entnazifizierung und Kategorisierung, Nr. Z 8041: Angaben von Hans Kellinghusen auf einem Fragebogen vom 5.8.1949 unter Punkt 7 „Remarks and Recommendations".

[99] Staatsarchiv Hamburg, 133-1 Staatsarchiv II, Nr. 97: Schreiben von Heinrich Reincke an Senatssyndicus Harder im Personalamt vom 11.2.1947.

[100] Staatsarchiv Hamburg, 133-1, Staatsarchiv II, Nr. 97: Befähigungsbericht von Heinrich Reincke über Hans Kellinghusen vom 12.5.1944.

den Posten des Direktors eigne. Als er in der unmittelbaren Nachkriegszeit die Geschäfte führte, wurde über ihn berichtet: „Kellinghusen is an experienced archivist and knows his achive: he is a useful stopgap but lacks the distinction and personality for so important a post."[101] Auch während seines Entnazifizierungsverfahrens hatte es ähnliche Ergebnisse gegeben. Dort wurde Kellinghusen als „civilised man of Western European type" beschrieben. Er habe „a strong sense of humour and cultivated manner but no sign of exceptional intelligence".[102] Zudem wurde betont, dass Kellinghusen seit 21 Jahren die gleiche Stelle inne habe, ohne Aussicht auf Beförderung: „even if there was anything against him he could hardly be demoted."[103]

Außerhalb des Archivs hatte er eigene Erfolge zu verzeichnen. Zwar konnte er keine so große Zahl an Veröffentlichungen vorweisen wie Reincke, jedoch hat er seinen Beitrag zur Geschichtswissenschaft, vor allem für seinen Geburtsort Bergedorf, geleistet. Reichsweite Aufmerksamkeit erregte sein 1935 veröffentlichter Aufsatz „Das Staatsarchiv und die Personenforschung" (vgl. Kapitel 3.1). Außerdem bekam er mehrere Ehrungen, wie zu seinem 75. Geburtstag die Lappenberg-Medaille des VHG, dem er seit 1906 angehörte, und 1966 dessen Ehrenmitgliedschaft. Ebenfalls anlässlich seines 75. Geburtstags gab das Staatsarchiv eine Festschrift heraus.[104] Darüber hinaus war er Mitglied in mehreren genealogischen Vereinen und wurde 1965 Ehrenmitglied in der Genealogischen Gesellschaft Hamburg. Kellinghusen war verheiratet und hatte zwei Kinder. Er starb am 9. Januar 1971.

---

[101] The National Archives, PRO 30/90/11: „Report on visit to Hamburg and Schleswig Holstein Province" von C. F. Meekings [ohne Datum], S. 2.

[102] Staatsarchiv Hamburg, 221-11 Staatskommissar für die Entnazifizierung und Kategorisierung, Nr. Z 8041: Interrogation Report von E. Petley vom 17.9.1947.

[103] Ebd.

[104] [Ohne Verfasser]: Beiträge zur Geschichte des Staatsarchiv der Freien und Hansestadt Hamburg (Veröffentlichungen aus dem Staatsarchiv der Freien und Hansestadt Hamburg Band V), Hamburg 1960.

2.3 Erich von Lehe

Der dritte Archivrat im Staatsarchiv Hamburg in der Zeit des Nationalsozialismus war Erich von Lehe. 1894 geboren in Padingbüttel im Land Wursten, blieb er zeitlebens und vor allem in seiner Forschung dieser Region eng verbunden. Er studierte ab 1914 Geschichte, deutsche Sprache und Literatur sowie Religion und wurde 1926 mit einer Arbeit über das Thema „Grenzen und Ämter im Herzogtum Bremen"[105] promoviert. Unterbrochen wurde sein Studium durch seinen Einsatz im Ersten Weltkrieg. Von 1915 bis 1919 diente er in verschiedenen Infanterieregimentern in Russisch-Polen, Serbien und vor allem an der Westfront, zuletzt als Leutnant und Kompanieführer.[106] 1927 wurde er als wissenschaftlicher Hilfsarbeiter im Staatsarchiv Hamburg eingestellt, wo er 1933 zum Archivrat ernannt wurde.[107] Besonders verdient machte er sich bei der Mitwirkung am Hamburgischen Urkundenbuch unter Hans Nirrnheim.[108]

Als der Stahlhelm, in dem von Lehe Mitglied war, geschlossen in der SA aufging, wurde er 1934 zum SA-Scharführer, jedoch wird schon weit vorher seine Wertschätzung für das nationalsozialistische Gedankengut deutlich. So war er zu Beginn seines Studiums im völkisch-antisemitischen „Kyffhäuser-Verband der Vereine Deutscher Studenten".[109] Dort lernte er Otmar Freiherr von Verschuer kennen, den späteren Rassehygieniker und Doktorvater von Josef Mengele. Die beiden waren nicht nur freundschaftlich, sondern seit der Heirat von Lehes mit einer von Verschuers Schwestern auch verwandtschaftlich verbunden.

---

[105] Erich von Lehe: Grenzen und Ämter im Herzogtum Bremen. Altes Amt und Zentralverwaltung Bremervörde, Land Wursten und Gogericht Achim (Veröffentlichungen der Historischen Kommission für Niedersachsen und Bremen, 2), Göttingen 1926.

[106] Staatsarchiv Hamburg, 131-10 I Senatskanzlei – Personalabteilung I, Nr. 1933 Ja III 19: Empfehlungsschreiben von Hans Nirrnheim an Struve vom 19.4.1933 für die Beförderung Erich von Lehes zum Archivrat.

[107] Ebd. sowie Hans-Dieter Loose: Dr. phil. Erich von Lehe. Nachruf, in: ZHG 70 (1984), S. 1–9, hier: S. 3.

[108] Vgl. die vollständige Auflistung seiner Schriften bei Annelise Tecke: Verzeichnis der Schriften Erich von Lehes, in: Jahrbuch der Männer vom Morgenstern 45 (1964), S. 16–25.

[109] Manfred Asendorf: Art. Lehe, Erich von, in: Hamburgische Biografie. Personenlexikon, Bd. 4, hrsg. von Franklin Kopitzsch und Dirk Brietzke, Hamburg 2008, S. 211–213, hier: S. 211.

Abb. 2: Porträt Erich von Lehe (1894–1983)

1936 übernahm von Lehe den Vorsitz des niedersächsischen Heimatbundes der Männer vom Morgenstern. Unter seiner Schriftleitung berichtete dessen Zeitschrift ein Jahr später stolz, dass das Land Wursten bereits „seit einem halben Jahrhundert ohne Juden“[110] sei.

Bereits zu Beginn des Zweiten Weltkrieges ging von Lehe offenbar freiwillig zur Wehrmacht – für die Einberufung war er bereits zu alt – und kämpfte in Frankreich. 1941 wurde er einer Jäger-Division im Russland-Feldzug zugeteilt und war später Kommandeur in deren Verbindungsstab. Hierbei war er für die wallonische Legion zuständig und sorgte für deren Überführung in die Waffen-SS.[111] Er arbeitete eng mit dem Rexistenführer Léon Degrelle, einer der wichtigsten belgischen Kollaborateure, zusammen, der das Bataillon befehligte.[112] Von Lehe soll während seiner Zeit in Russland auch beim Abtransport jüdischer Zivilarbeiter mitgewirkt haben.[113] 1944 erfolgte seine Entlassung nach Hamburg und er nahm seine Arbeit im Staatsarchiv wieder auf, wo er beispielsweise bei der Verbringung von Archivalien in die Auslagerungsstätten half (vgl. Kapitel 5.2).

Ab Januar 1945 wurde Hamburg mit Panzersperren und der Mobilisierung des Volkssturms auf die Verteidigung vorbereitet. Von Lehe wurde im Volkssturm Kompanieführer und übernahm die Ausbildung der meist über 45-Jährigen.[114] In den letzten Tagen des Krieges war von Lehe durch Sonderbefehl dafür zuständig, das Regierungsviertel Kaufmanns zu sichern.[115]

Reincke bescheinigte ihm in einem Befähigungsbericht im Mai 1944, dass von Lehe ein „zäher, etwas langsamer Niederdeutscher“ sei, der jedoch äußerst zuverlässig und geschickt im Umgang mit Menschen und ein verdienstvoller Wissenschaftler sei. Des Weiteren sei er ein „[ü]berzeugter

---

110 Zitiert nach: ebd., S. 212.

111 Ebd.

112 Ebd. Die Rexisten setzten sich ursprünglich aus katholischen Intellektuellen zusammen und wurden ab 1940 zu den wichtigsten Kollaborateuren in Belgien. Sie kämpften, vertreten durch die „Légion Wallonie“, neben der Wehrmacht an der Ostfront, vgl. weiterführend dazu: Martin Conway: Collaboration in Belgium. Léon Degrelle and the Rexist Movement 1940–1944, New Haven, London 1993.

113 Findbuch zu: Staatsarchiv Hamburg, 622-1/381 von Lehe: Ausführlicher Lebenslauf von Erich von Lehe [vermutlich selber von ihm verfasst], S. 8.

114 Ebd., S. 9.

115 Asendorf: Von Lehe, S. 212.

u. tätiger Nationalsozialist. Stets einsatzbereit".[116] Von Seiten von Lehes wird immer wieder der große Respekt für Reincke deutlich. So sprach von Lehe im Nachruf auf Kellinghusen von Reincke als „ganz anders veranlagter Kollege [...], mit dessen Namen und Ruf eines Geschichtsforschers und Dozenten eine weitreichende Wirkung verbunden ist".[117]

Nach seiner Entnazifizierung im Jahr 1947 nahm von Lehe seit 1948 die Geschäfte des Archivdirektors wahr. Zwar war Möller zum Nachfolger Reinckes ernannt worden, er war jedoch bereits wenige Wochen später als Direktor erst entlassen, später wieder eingestellt worden, aber er blieb von Lehe unterstellt.[118] Von Lehe wurde 1951 zum Oberarchivrat befördert. Nach Möllers frühem Tod war er für das Amt des Archivdirektors zu alt, führte die Geschäfte jedoch drei Jahre lang weiter, bis Jürgen Bolland 1960 Möller offiziell als Archivdirektor folgte.

Von 1937 bis 1972 war von Lehe Mitglied im Vorstand des VHG. Zu seinem 65. Geburtstag erhielt er die Lappenberg-Medaille in Silber und zehn Jahre später gab der Verein ihm zu Ehren eine Festschrift heraus. Zu seinem 80. Geburtstag wurde er zum Ehrenmitglied ernannt. Er starb am 23. April 1983.

---

116 Staatsarchiv Hamburg, 133-1 II Staatsarchiv II, Nr. 97: Befähigungsbericht von Heinrich Reincke über Erich von Lehe vom 11.5.1944.

117 Von Lehe: Nachruf, S. 458.

118 Loose: Von Lehe, S. 4.

2.4 Kurt Detlev Möller

Der am 19. August 1902 geborene Kurt Detlev Möller, der jüngste der wissenschaftlichen Archivare zur Zeit des Nationalsozialismus in Hamburg, war von 1934 bis 1948 Abteilungsleiter der Abteilung IV. Er hatte sein Geschichtsstudium 1925 mit einer Promotion über das kirchliche und religiöse Leben in Hamburg in den ersten Jahrzehnten des 19. Jahrhunderts abgeschlossen[119] und hatte im gleichen Jahr seinen Dienst im Staatsarchiv Hamburg angetreten. Dort war er 1934 zum Archivrat befördert worden.[120]

Seit 1933 war er Mitglied der NSV und seit 1934 Mitglied des NS-Kraftfahrer-Korps (NSKK). Wie die anderen Archivare trat auch er 1937 mit der Aufhebung der Eintrittssperre in die NSDAP ein. Am 5. Dezember 1939 wurde er zum Wehrdienst eingezogen und verbrachte den Zweiten Weltkrieg zuletzt als Adjutant der Kreiskommandantur in Tournai, Belgien.[121] Die letzten Tage des Krieges beteiligte er sich an der Verteidigung Hamburgs.[122]

Reincke beschrieb Möller 1944 in einem Befähigungsbericht als großen Idealisten, „ganz im Gedanken der nationalsozialistischen Volksgemeinschaft lebend u. handelnd" und außerdem als „nicht leicht zu behandeln". Möller sei „als Vorgesetzter u. Untergebener nicht immer bequem", jedoch schließt Reincke seine Beurteilung damit, dass Möller durchaus zur Beförderung und zur leitenden Position geeignet sei.[123] In Reinckes Bericht über die geeigneten Personen für seine Nachfolge steht Möller an erster Stelle und der Bericht endet mit der Empfehlung Möllers unter anderem

---

[119] Kurt Detlev Möller: Beiträge zur Geschichte des kirchlichen und religiösen Lebens in Hamburg in den ersten Jahrzehnten des 19. Jahrhunderts, Hamburg 1926.

[120] Staatsarchiv Hamburg, 131-15 Senatskanzlei – Personalakte, Nr. D 129: Angaben Kurt Detlev Möllers im Fragebogen der britischen Militärregierung vom 19.6.1945 mit Auflistung seiner Publikationen, außerdem: Joist Grolle: Art. Möller, Kurt Detlev, in: Hamburgische Biografie. Personenlexikon, Bd. 2, hrsg. von Franklin Kopitzsch und Dirk Brietzke, Hamburg 2003, S. 291 f., hier: S. 291.

[121] Staatsarchiv Hamburg, 131-15 Senatskanzlei – Personalakte, Nr. D 129: Fragebogen der britischen Militärregierung vom 19.6.1945 [von Kurt Detlev Möller ausgefüllt].

[122] Heinrich Reincke: Dr. Kurt Detlev Möller, in: ZHG 44 (1958), S. 11–26, hier: S. 19.

[123] Staatsarchiv Hamburg, 133-1 II Staatsarchiv II, Nr. 97: Befähigungsbericht von Heinrich Reincke über Kurt Detlev Möller vom 12.5.1944.

Abb. 3: Porträt Kurt Detlev Möller (1902–1957)

deswegen, da damit die „Kontinuität und bisherige hamburgische Tradition bei innerer Selbstständigkeit am Besten“[124] bewahrt blieben.

1937 übernahm Möller den Vorsitz des VHG von Hans Nirrnheim. Nur ein Jahr später begann er die Anwendung des Arierparagraphen auf die Mitglieder des VHG: Nur noch „arische“ Menschen durften Mitglieder im VHG sein, die jüdischen Mitglieder wurden ausgeschlossen, sofern sie nicht schon vorher ausgetreten waren.[125] Er war auch Vorsitzender, als der Verein 1939 sein 100. Jubiläum feierte. Anlässlich dieses Geburtstages wurde unter anderem der erste Teil der „Bücherkunde zur Hamburgischen Geschichte“ von ihm und Annelise Tecke herausgegeben. Tecke war ebenfalls seit 1934 im Archiv und dort in der Bibliothek tätig. Im Zweiten Weltkrieg ersetzte sie Möller, der zur Wehrmacht eingezogen war, in der Leitung der Abteilung IV. Die Bücherkunde, eine Bibliographie zu Hamburgs Geschichte, bildete lange Zeit einen wichtigen Beitrag zur regionalen Forschung und wurde in fünf weiteren Teilen ergänzt, bevor sie 1990 in der „Hamburg-Bibliographie“ aufging.[126]

Zu Beginn des Jahres 1948 trat Möller die Nachfolge Reinckes an, wurde jedoch bereits am 4. Februar 1948 mit sofortiger Wirkung beurlaubt. Als offizieller Grund wurde der bekannt gewordene Inhalt seines Aufsatzes aus der Zeitschrift des Vereins für Hamburgische Geschichte (ZHG) von 1939 angegeben, eine ausformulierte Version seines Vortrages „Geschichte und Leben“ von 1937.[127] Dort zitierte er Rosenberg und bezeichnete Hitler als „Genius unserer Tage“.[128] In dem gesamten Aufsatz plädierte er für die Indienstnahme der Geschichte für den Nationalsozialismus. 1948 geriet dieser Aufsatz in den Fokus der Öffentlichkeit und Möller wurde entlassen.

---

[124] Staatsarchiv Hamburg, 133-1 II Staatsarchiv II, Nr. 97: Schreiben von Heinrich Reincke an das Personalamt, Senatssyndicus Harder, vom 11.2.1947.

[125] Vgl. dazu Joist Grolle, Ina Lorenz: Der Ausschluss der jüdischen Mitglieder aus dem Verein für Hamburgische Geschichte. Ein lange beschwiegenes Kapitel der NS-Zeit (Mit biografischem Anhang), in: ZHG 93 (2007), S. 1–145; Asendorf: Verschämter Antisemitismus.

[126] Kurt Detlev Möller, Annelise Tecke (Hg.): Bücherkunde zur Hamburgischen Geschichte. 1. Teil: Verzeichnis des Schrifttums der Jahre 1900–1937, Hamburg 2002 (Reprint der Ausgabe von 1939), S. 3.

[127] Staatsarchiv Hamburg, 131-15 Senatskanzlei – Personalakte, Nr. D 129: Schreiben von Senatssyndicus Harder an Stadtamtsrat König vom 4.2.1948.

[128] Kurt Detlev Möller: Geschichte und Leben, in: ZHG 38 (1939), S. 1–27, hier: S. 5.

Den Hintergrund seiner Entlassung bildete aber sein 1947 veröffentlichtes Werk „Das letzte Kapitel. Geschichte der Kapitulation Hamburgs". Möller hatte am 13. Mai 1946 vom Senat den Auftrag übernommen, die Ereignisse um die Kapitulation Hamburgs im April und Mai 1945 niederzuschreiben.[129] Möller verfasste daraufhin ein 193-seitiges Buch, in dem er, trotz schlechter Quellenlage, unter Berufung auf Zeitzeugen und seine eigenen Eindrücke, bis zur „Operation Gomorrha" 1943 zurückgehend die Ereignisse in Hamburg darstellt. Von Zeitgenossen wurde das Buch als Glorifizierung des Gauleiters Kaufmann gesehen und in der Folgezeit heftig kritisiert.[130] Im März 1949 wurde Möller als Archivdirektor endgültig entlassen. Er legte erfolgreich Widerspruch ein, so dass er 1951 wieder in sein Amt eingesetzt wurde. Seine vollständige Restitution als Direktor erfolgte jedoch erst zum Jahr 1956.[131] Nicht einmal zwei Jahre später, am 21. November 1957, starb Kurt Detlev Möller.

---

129 Zu den genauen Vorgängen siehe: Grolle: Historiker, S. 150–201.

130 Anfängliche, zunächst noch interne Kritik kam von dem Widerstandkämpfer Hellmut Kalbitzer, vgl. Grolle: Historiker, S. 162 f.

131 Grolle: Art. Möller, S. 292.

3. Die neue Hauptaufgabe des Staatsarchivs: Ausstellung von Ariernachweisen

Vier wissenschaftliche Archivare arbeiteten zur Zeit des Nationalsozialismus im Hamburger Archiv. Die wichtigste Funktion in dieser Zeit, neben der des Direktors, hatte Kellinghusen als Leiter der personenkundlichen Abteilung inne. Diese Abteilung war für die Ahnenforschung zuständig, und hier wurden die Ariernachweise ausgestellt. In § 3 des am 7. April 1933 erlassenen Berufsbeamtengesetzes war bestimmt worden, dass Beamte, „die nicht arischer Herkunft sind", in den Ruhestand zu versetzen seien.[132] In der ersten Durchführungsverordnung (DVO) dieses Gesetzes nur vier Tage später wurde festgelegt, dass jemand dann als nicht arisch gelte, wenn ein Eltern- oder Großelternteil nicht arisch sei, was insbesondere bei Zugehörigkeit zur jüdischen Religion der Fall sei.[133] In der gleichen Verordnung wurde gefordert: „Wenn ein Beamter nicht bereits am 1. August 1914 Beamter gewesen ist, hat er nachzuweisen, daß er arischer Abstammung" ist. „Der Nachweis ist durch die Vorlegung von Urkunden (Geburtsurkunde und Heiratsurkunde der Eltern […]) zu erbringen."[134]

Der Ariernachweis, auch „Nachweis der deutschblütigen Abstammung" genannt[135], bestimmte ab Mitte 1933 erst die Arbeit der personenkundlichen Abteilung und nahm bis nach 1939 Einfluss auf das gesamte Arbeitsleben des Staatsarchivs. Die Informationen der für diesen Nachweis geforderten Urkunden befanden sich für den Raum Hamburg nahezu vollständig im Staatsarchiv.

In den hamburgischen Ämtern und Behörden gab es zum 1. Januar 1933 mehr als 17200 Beamte, die einen Ariernachweis erbringen mussten.[136] Bis zum 1. April 1934 wurden wegen nicht arischer Abstammung 83 Beamte ent-

[132] Vgl. § 3 (1) des Gesetzes zur Wiederherstellung des Berufsbeamtentums vom 7.4.1933, RGBl. I, 1933, S. 175.

[133] Punkt 2 (1) der 1. DVO des Gesetzes zur Wiederherstellung des Berufsbeamtentums vom 11.4.1933, in: RGBl. I, S. 195.

[134] Ebd., Punkt 2 (2).

[135] Mit den als „Nürnberger Gesetzen" bezeichneten Reichsbürgergesetz und Gesetz zum Schutz des deutschen Blutes und der deutschen Ehre vom 15.9.1935 wurde der unklare Begriff „arisch" durch die nicht weniger definierten Begriffe „deutschblütig" oder „deutsches und artverwandtes Blut" ersetzt, vgl. RGBl. I, 1935, S. 1146 f.

[136] Lohalm: Garant, S. 155.

lassen bzw. in den Ruhestand versetzt.[137] Das Berufsbeamtengesetz war dabei nur das erste einer Vielzahl von Gesetzen, die einen solchen Nachweis forderten. Von Anwälten und Ärzten bis hin zu Wehrmachtssoldaten mussten immer mehr Menschen im Laufe der Zeit ihre Verwandtschaft zurückverfolgen und nachweisen.[138] Von dem beruflichen Bereich ausgehend, wurde immer häufiger auch im privaten Bereich, beispielsweise von Vereinen, ein Nachweis über die arische Abstammung gefordert.[139] Höchststände bei der Ausstellung von Ariernachweisen wurden in den Jahren 1935 bis 1938 erreicht.[140]

Die Nationalsozialisten unterschieden zwischen dem kleinen und dem großen Ariernachweis. Der in den meisten Fällen, wie schon im Berufsbeamtengesetz, geforderte kleine Ariernachweis bescheinigte, dass kein Vorfahr bis zu den Großeltern, also weder die Eltern, noch die Großeltern, der jüdischen Religion angehört hatte oder anderweitig „artfremdes Blut" hatte. Der sogenannte große Ariernachweis ging über die Reihe der Großeltern hinaus bis zu den vor dem 1. Januar 1800 geborenen Ahnen. Es musste also für alle Ahnen bis vor 1800 der urkundliche Nachweis erbracht werden, dass niemand der jüdischen Religion angehört hatte oder zu einer anderen, von den Nationalsozialisten unerwünschten Gruppe gehört hatte. Als größte „Gefahr" wurde sich auf die Juden konzentriert: Das Jahr 1800 war gewählt worden, weil es vor der Emanzipation der Juden Ende des 18. Jahrhunderts nur sehr wenige Ehen zwischen Juden und Christen gegeben hatte.[141] Gefordert war der große Nachweis in einigen Gesetzen wie dem Reichserbhofgesetz, wo Besitzer von „Erbhöfen" ihre „deutsche" Abstammung nachweisen mussten, oder auf Anordnung der Reichspressekammer von Zeitungsverleger und deren Ehefrauen zur angeblichen Garantie der Pressefreiheit.[142] Zudem forderten die NSDAP und ihre Gliederungen von den politischen Leitern den großen Ariernachweis, wobei die Mitgliedschaft in der SS sogar den Nachweis bis vor 1750 forderte. In der heu-

[137] Ebd., S. 160.

[138] Christian Ulrich von Ulmenstein: Der Abstammungsnachweis, Berlin 1937, S. 20 f.

[139] Vgl. beispielhaft den VHG, wo der Ariernachweis verhältnismäßig spät 1938 eingeführt wurde, hierzu: Asendorf: Verschämter Antisemitismus, S. 259 f., sowie Grolle: Ausschluss.

[140] Musial: Staatsarchive, S. 44.

[141] Ulmenstein: Abstammungsnachweis, S. 23.

[142] Ebd., S. 23 f.

tigen Forschung wird davon ausgegangen, dass nahezu jeder in Deutschland lebende Erwachsene in der Zeit zwischen 1933 und 1945 einmal einen Ariernachweis oder ähnliches erbringen musste.[143]

Anfragen nach Abstammungsnachweisen kamen auch aus dem medizinischen Bereich. Zur Klärung der verwandtschaftlichen Verhältnisse einiger Patienten schrieb die Abteilung „Erbbiologische Bestandsaufnahme" der Heil- und Pflegeanstalt Langenhorn an das Staatsarchiv.[144] Langenhorn wurde für Norddeutschland schon früh Ausgangspunkt für die Krankenmorde im Zuge der Euthanasie.[145] Das Staatsarchiv half auf Anfrage des Reichsgesundheitsamtes auch bei der statistischen Erfassung von Zwillingen für die „Erbvorhersageforschung".[146] Zu den Nutzern des Archivs gehörte unter anderem Ernst Rüdin, „Rassenhygieniker" und Direktor des Kaiser-Wilhelm-Instituts für Genealogie und Demographie in München.[147]

Wenn die Vorfahren in Hamburg geboren, getauft, verheiratet oder gestorben waren, musste der Antrag in den meisten Fällen beim Staatsarchiv Hamburg gestellt werden. Dies hatte enorme Auswirkungen auf nahezu alle Arbeitsbereiche des Archivs, über die eine Veröffentlichung Kellinghusens die Öffentlichkeit ab 1935 informierte.

---

143 Werner Feldscher: Rassen- und Erbpflege im deutschen Recht (Rechtspflege und Verwaltung. Schriftenreihe für Ausbildung und Praxis, 3), Berlin, Leipzig, Wien 1943, S. 154, zitiert nach: Werner Meiners: Familienforschung in Zeiten von „Abstammungsnachweis" und „Judenkartei". Zum Gedenken an den am 2. September 2010 verstorbenen ehemaligen oldenburgischen Landesrabbiner Leo Trepp, in: Oldenburgische Familienkunde 52 (2010), S. 89–126, hier: S. 89; sowie Eric Ehrenreich: The Nazi Ancestral Proof. Genealogy, Racial Science, and the Final Solution, Bloomington (IN) 2007, S. 61.

144 Siehe beispielsweise: Staatsarchiv Hamburg, 133-1 II Staatsarchiv II, Nr. 33: 14606/1938, Schreiben von Dr. Lange vom 2.8.1938.

145 Siehe dazu weiterführend Peter von Rönn: Die Entwicklung der Anstalt Langenhorn in der Zeit des Nationalsozialismus, in: Wege in den Tod. Hamburgs Anstalt Langenhorn und die Euthanasie in der Zeit des Nationalsozialismus, hrsg. von Klaus Böhme, Uwe Lohalm und Peter von Rönn (Forum Zeitgeschichte, 2), Hamburg 1993, S. 27–135, sowie Hendrik van den Bussche (Hg.): Medizinische Wissenschaft im „Dritten Reich". Kontinuität, Anpassung und Opposition an der Hamburger Medizinischen Fakultät (Hamburger Beiträge zur Wissenschaftsgeschichte, 5), Berlin 1989.

146 Staatsarchiv Hamburg, 133-1 II Staatsarchiv II, Nr. 17: 15519/1935, Anfrage des Reichsgesundheitsamt, Sammelstelle für Erbvorhersageforschung, vom 2.11.1935.

147 Staatsarchiv Hamburg, 133-1 II Staatsarchiv II, Nr. 43: 10612/1939, Anfrage von Ernst Rüdin an das Staatsarchiv vom 13.5.1939.

3.1 Die Folgen der Anträge und Kellinghusens Veröffentlichung

Schaut man in das Statistische Jahrbuch von 1935/1936, in dem die Benutzung des Archivs von 1930 bis 1935 abgebildet ist, kann schon im Jahr 1933 ein deutlicher Anstieg der Benutzerzahlen von 368 auf 446 Nutzer im Gegensatz zum Vorjahr erkannt werden. Es wurde 1932 in 487 Fällen für familienkundliche Zwecke geforscht, 1933 stieg diese Zahl bereits auf 1247 Fälle jährlich.[148] Der Erlass der ersten Gesetze, die einen Ariernachweis forderten, war somit im Archiv sofort spürbar.

Über die Vorgänge im Archiv zu Beginn der Beschäftigung mit den Ariernachweisen informiert Kellinghusens 30-seitiger Aufsatz „Das Staatsarchiv und die Personenforschung". 1935 war er, als einzelnes Heft gebunden, in der Schriftenreihe „Hamburg im Dritten Reich" erschienen, die vom hamburgischen Staatsamt[149] herausgegeben wurde. Ziel war es, anstelle der vorher existierenden Jahresberichte der Behörden[150] nun eine Abhandlung über Einzelaufgaben der Verwaltung herauszubringen.[151] Das Heft über das Staatsarchiv erschien als drittes von insgesamt zehn Heften, die bis 1939 herausgegeben wurden. Dabei gab es Darstellungen über die Neugestaltung der Schulen, der Universität, des Hafens oder auch Groß-Hamburgs. Allein die Existenz des Heftes von Kellinghusen ist ungewöhnlich, besonders in Anbetracht der anderen Themen, die in dieser Reihe behandelt wurden. Das Staatsarchiv war durch die Arbeit an den Ariernachweisen in den Fokus der Öffentlichkeit gerückt.

---

[148] Statistisches Jahrbuch für die Freie und Hansestadt Hamburg 1935/36, hrsg. vom Statistischen Landesamt, Hamburg 1936, S. 220.

[149] Ab November 1933 wurde die Senatskanzlei unter der Bezeichnung Staatsamt fortgeführt. Es unterstand von 1933 bis zu seiner Auflösung 1938 Georg Ahrens, einem engen Vertrauten Karl Kaufmanns.

[150] Die Jahresberichte erschienen von 1877 bis 1914 und 1925 bis 1927, wobei Berichte des Staatsarchivs nur in den letzten drei Ausgaben vorhanden waren.

[151] Handbuch der Hansestadt Hamburg 1939, S. 14.

Abb. 4: Hans Kellinghusen: Das Staatsarchiv und die Personenforschung, Hamburg 1935, Titelbild

Kellinghusen beschreibt zu Beginn des Aufsatzes kurz die Geschichte der personenkundlichen Abteilung im Staatsarchiv, um dann auf das Berufsbeamtengesetz und die darauf folgenden Gesetze einzugehen, die einen Ariernachweis forderten. Die Auswirkungen legt er zunächst anhand von Zahlen dar. Schon im Juli 1933 habe sich die Zahl der Eingänge von Anfragen an das Staatsarchiv im Gegensatz zum Jahresanfang nahezu verdreifacht.[152] Im April 1934 habe die Anzahl an Eingängen mit über 1500, nahezu 75 Eingängen pro Arbeitstag, einen vorläufigen Höchststand erreicht. Kellinghusen beklagt, dass von 32 Beamten und Angestellten 19 mit der Bearbeitung der Ariernachweise beschäftigt seien und dass die übrigen Arbeiten, das Ordnen und die Bewertung, „völlig darniederliegen".[153] Weiterhin nennt er ausführlich die für die Ariernachweise wichtigen Quellen, die sich im Staatsarchiv befinden, sowie deren Laufzeiten und zum Teil deren Entstehungs- und Überlieferungsgeschichte.

Kellinghusen beschreibt, wie die personenkundliche Abteilung in drei Gruppen arbeitete, je nach Länge der Bearbeitungszeit der Anträge. Die erste Gruppe beschäftige sich mit den großen Ariernachweisen, die zweite Gruppe mit den „Anträge[n] mittleren Umfangs"[154] und eine letzte Gruppe sei eingerichtet worden, um kleinere, eilige Anträge abzuwickeln. Je nach Größe des Auftrags musste 1935 mit Wartezeiten von zehn Monaten gerechnet werden. Dabei merkt Kellinghusen an, dass selbst die Gruppe, die mit den schnell zu erledigenden Anfragen befasst war, so weit im Rückstand sei, dass eine Bearbeitung dort drei bis vier Wochen dauere.[155] Spätestens ab 1934 wurden die Anfragen mit Formblättern beantwortet, die über die jeweiligen Wartezeiten, je nach Größe des Auftrags, verschickt wurden. Außerdem nennt er Beispiele von Problemfällen, die bei der Bearbeitung auftauchen könnten, wenn keine Nachweise gefunden würden.

Erwähnt wird bei Kellinghusen auch die Problematik der Gebühren bzw. der Gebührenfreiheit. Das Berufsbeamtengesetz als erstes und damit wegweisendes Gesetz sah die kostenfreie Ausstellung von Urkunden

[152] Kellinghusen: Personenstandsforschung, S. 9.

[153] Ebd., S. 10.

[154] Ebd., S. 11.

[155] Ebd.

vor.[156] Durch einen Runderlass des Reichsinnenministers Wilhelm Frick wurde 1935 eine Gebühr von 0,60 Reichsmark für jede Urkunde eingeführt.[157] Zudem berechnete das Staatsarchiv für jede angefangene Arbeitsstunde 3 Reichsmark.[158] Wollte jemand Urkunden für den großen Ariernachweis, die eine besonders zeitaufwändige Recherche über die Großeltern hinaus erforderten, gebührenfrei bzw. ermäßigt erhalten, musste nachgewiesen werden, dass auch wirklich ein großer Ariernachweis gefordert war. In mehr als einem Fall hatten Nutzer versucht, die Gebührenfreiheit bzw. -ermäßigung zum kostengünstigen Vorantreiben ihrer Familienforschung zu nutzen.[159] Dass sich mit der Ausstellung von Ariernachweisen potentiell viel Geld erwirtschaften ließ, zeigt ein Fall von Unterschlagung. Einer der Mitarbeiter des Staatsarchivs hatte Anträge entwendet und sie privat beantwortet. Dabei hatte er die Gebühren selbst einbehalten.[160] Für das Staatsarchiv hingegen fiel dieser Kostennutzen nur gering aus, da durch Personal sowie Papier- und Portokosten zugleich erhöhte Ausgaben bestanden.

Der Aufsatz von Kellinghusen diente mehreren Zwecken. Mit der Gesetzgebung zu den Ariernachweisen hatte sich der Nutzerkreis des Archivs erweitert. Zur Familienforschung gezwungen, sahen sich viele Deutsche zum ersten Mal mit den Funktionsweisen eines Archivs konfrontiert. Kellinghusen informierte dementsprechend die Nutzer über den Quellenbestand des Archivs und über die Anforderungen, die die Gesetze stellten. Außerdem nahm er Beschwerden der Nutzer vorweg. Kellinghusen erklärte und verteidigte die langen Wartezeiten, die durch den großen Ansturm entstanden. Etwaige Vorwürfe griff er auf und wandte sie ab. Von seinen Mitarbeitern schrieb er: „Sie haben vom ersten bis zum letzten voll

---

156 Punkt 4 der 1. DVO des Gesetzes zur Wiederherstellung des Berufsbeamtentums vom 11.4.1933, in RGBl. I, S. 195.

157 Staatsarchiv Hamburg, 133-1 II Staatsarchiv II, Nr. 56: 13814/1940, Runderlass des Reichs- und Preußischen Ministers des Innern zur „Gebührenfreiheit bei der Ausstellung von Urkunden zum Nachweis der arischen Abstammung" vom 10.10.1935.

158 Staatsarchiv Hamburg, 133-1 II Staatsarchiv II, Nr. 17: 18339/1935, Schreiben von Hans Kellinghusen an die Standarte 404 der SA vom 5.10.1935.

159 Kellinghusen: Personenforschung, S. 4.

160 Staatsarchiv Hamburg, 133-1 II Staatsarchiv II, Nr. 20: 10026/1936, Schreiben von Heinrich Reincke an das Staatsamt vom 30.4.1936.

ihre Pflicht getan."[161] Und auch den Einwand, es könnten mehr Kräfte eingestellt werden, wehrte er ab: Es sei durch die geringe Anzahl an wichtigen Quellen, vor allem der Kirchenbücher, der Arbeiterzahl eine „natürliche Grenze"[162] gesetzt. Nur die Einführung von Nachtschichten komme als letzte Möglichkeit in Betracht, doch „bereitet dieser Gedanke in seiner Ausführung so viele Schwierigkeiten, daß er ernstlich noch nicht in Erwägung gezogen worden ist".[163]

Diese Maßnahme wurde tatsächlich im Jahr nach Erscheinen des Heftes umgesetzt. Der Schichtbetrieb wurde zum 1. Januar 1936 versuchsweise für drei Monate eingeführt und bis zum 11. Mai 1936 fortgesetzt. Die Mitarbeiter der personenkundlichen Abteilung wie auch der Magazinverwaltung, die für die Bereitstellung der Archivalien zuständig waren, hatten in Schichten von montags bis freitags von 6:30 Uhr bis 22 Uhr zu arbeiten, samstags wie gewohnt von 10 bis 14 Uhr.[164] Zudem waren zum 1. Januar 1936 elf zusätzliche Hilfskräfte beantragt worden, womit sich die Gesamtanzahl der im Archiv Beschäftigten auf 56 erhöhte.[165]

Schon im Mai 1933, einen Monat nach Erlass des Berufsbeamtengesetzes, hatte es als eine der ersten Auswirkungen der Ariernachweise auf die Arbeit im Archiv erste Personalveränderungen zugunsten der personenkundlichen Abteilung gegeben. Ein Mitarbeiter des Staatsarchivs wurde von seinen gewohnten Aufgaben abgezogen und mit der Bearbeitung der Anträge auf Ausstellung von Ariernachweisen beschäftigt. Dabei war Kellinghusen frühzeitig klar, dass sich diese Arbeitsbelastung mit der steigenden Zahl an Anträgen nicht lange durchhalten ließe und sofort eine zusätzliche Hilfskraft eingestellt werden müsse.[166]

---

[161] Kellinghusen: Personenforschung, S. 11.

[162] Ebd., S. 11 f.

[163] Ebd., S. 12.

[164] Staatsarchiv Hamburg, 133-1 II Staatsarchiv II, Nr. 13: 16/1935, Verfügung von Heinrich Reincke vom 27.12.1935.

[165] Staatsarchiv Hamburg, 133-1 II Staatsarchiv II, Nr. 17: 16800/1935, handschriftliche Aufstellung der Mitarbeiter des Archivs im Vergleich vom 1.1.1933 zum 31.12.1935 von Heinrich Reincke [ohne Datum]. Die Differenz zu der von Kellinghusen genannten Zahl von 32 Mitarbeitern erklärt sich damit, dass auch in der Zwischenzeit Hilfskräfte eingestellt worden waren.

[166] Staatsarchiv Hamburg, 133-1 II Staatsarchiv II, Nr. 2: 1480/1933 Schreiben von Hans Kellinghusen an Heinrich Reincke vom 20.5.1933.

Abb. 5: Die personenkundliche Abteilung im Staatsarchiv Hamburg (ca. 1937)

In der Folgezeit musste das Staatsarchiv Antragsteller immer wieder vertrösten und die Erläuterung, dass eine Bearbeitung wegen starker Überlastung durch Ariernachweise nicht sofort möglich sei, findet sich regelmäßig bis 1939.

In einem Schreiben an Franz Josef Knöpfler, den Direktor des Hauptstaatsarchivs München, schilderte Kellinghusen im Oktober 1936, wie es in der personenkundlichen Abteilung nach dem Erscheinen seines Aufsatzes weiterging.[167] Er berichtete, dass sich die Lage ab der zweiten Hälfte des Jahres 1935 noch weiter verschlimmert habe. Von September bis Dezember 1935 sei die Zahl der monatlichen Eingänge von 1606 auf 2738 angestiegen. Die meisten Anfragen wurden im Februar 1936 mit insgesamt 3050 Eingängen verzeichnet. Dementsprechend wuchsen die Rückstände und damit die Wartezeiten der Nutzer. Erst durch die Einführung des Schichtbetriebes im Januar 1936 sei deren Aufarbeitung möglich geworden, so Kellinghusen.

Diese scheinbare Ruhe, die in Zusammenhang mit der Einstellung der elf Hilfskräfte im Mai 1936 zur Aufhebung der Schichtarbeit führte, war jedoch nur von kurzer Dauer. Obwohl ein Höchststand an Eingängen wie im Februar 1936 nicht wieder erreicht wurde, schwankte die Zahl zwischen 1600 und 2500, im Vergleich zu der Zeit vor 1933 mit durchschnittlich knapp 300 monatlich.[168] Immer wieder aufkeimende Hoffnungen, dass die Arbeitsbelastung durch die Ariernachweise abnehmen würde, erfüllten sich erst zu Beginn des Zweiten Weltkrieges.

Da auch die Wehrmacht Ariernachweise forderte, gab es zu Beginn des Krieges eine Reihe von reichsweiten Gesetzen, die die Bestimmungen lockerten. Die Wehrmacht brauchte schnell Soldaten und konnte nicht auf die Ausstellung der Ariernachweise warten. Unmittelbar nach Kriegsbeginn war ein deutlicher Rückgang der Anzahl von Anträgen spürbar, der jedoch nicht lange anhielt. Reincke meldete der Organisationsabteilung bereits Ende Oktober 1939, dass die Nachfragen nach Abstammungsnachweisen „in unerwarteter Weise für militärische Beförderungen, Teilnahme

---

[167] Vgl. hier und im Folgenden: Staatsarchiv Hamburg, 133-1 II Staatsarchiv II, Nr. 23: 19340/1936, Schreiben von Hans Kellinghusen an Franz Josef Knöpfler vom Hauptstaatsarchiv München vom 7.10.1936.

[168] Staatsarchiv Hamburg, 133-1 II Staatsarchiv II, Nr. 23: 19822/1936, Antrag Heinrich Reinckes an das Personalamt vom 27.10.1936.

an Kursen, Heirat usw. wieder anschwellen (rund 50 Eingänge täglich)".[169] Selbst bei den Sicherungsmaßnahmen der Archivalien vor Luftangriffen war Reincke immer darauf bedacht, dass vor allem die Kirchenbücher nutzbar blieben, für die Ausstellung der Abstammungsnachweise. Noch im Februar 1945 gab es Anfragen nach Klärung von Abstammungsverhältnissen.[170]

Die eigentliche archivische Kernarbeit blieb unerledigt. Schon im Juli 1933 schrieb Reincke an den Senat, dass

> „der beständige Zustrom gewaltigen neuen Aktenmaterials ohne die Möglichkeit der Sichtung und Abstoßung des Unwichtigen [...] in gleicher Weise zu einer Katastrophe führen [muss], wie bei Lebewesen die ständige Aufnahme von Nahrung ohne die Möglichkeit der Verdauung. Es ist für eine absehbare nahe Zukunft der Zustand vorherzusehen, daß das Staatsarchiv an seinen Beständen erstickt".[171]

Zweieinhalb Jahre später beantragte er zusätzliches Personal mit der Begründung, dass seit drei Jahren keine systematischen Ordnungsarbeiten vorgenommen worden seien,

> „obwohl der Zustrom neuer Aktenmengen nachgerade bedrohlichen Umfang angenommen hat. Es besteht die Gefahr, dass das Staatsarchiv sich völlig festarbeitet. [...] Der Antrag ist so knapp bemessen wie nur irgend möglich; ich glaube nicht, dass an irgend einer anderen Stelle des Reichs bei gleichem Umfang des Stoffs mit der gleichen Zahl von Arbeitskräften ausgekommen werden könnte".[172]

Mit der Zeit wurde dementsprechend dazu übergegangen Antragsteller, deren Anträge eine Bearbeitung von mehr als drei Suchstunden bedeuten

---

[169] Staatsarchiv Hamburg, 133-1 II Staatsarchiv II, Nr. 44: 16484/1939, Schreiben von Heinrich Reincke an die Organisationsabteilung vom 24.10.1939.

[170] Staatsarchiv Hamburg, 133-1 II Staatsarchiv II, Nr. 67: 71/1945, Schreiben von Rechtsanwalt Berthold Mitte vom 8.2.1945.

[171] Staatsarchiv Hamburg, 133-1 II Staatsarchiv II, Nr. 23: 19822/1936, Schreiben von Heinrich Reincke an die Personalabteilung vom 26.7.1933.

[172] Staatsarchiv Hamburg, 133-1 II Staatsarchiv II, Nr. 23: 19822/1936, Antrag von Heinrich Reincke an die Personalabteilung vom 16.1.1936.

würde, an einen „Sippenforscher" zu verweisen, der die Bearbeitung übernehmen sollte.[173]

Die Ausstellung der Ariernachweise hatte auch Folgen für die wissenschaftliche Forschung, die im Archiv betrieben wurde. Sie wurde, wie alle anderen Arbeiten des Archivs, hinter die Ausstellung der Ariernachweise angestellt. Anfragen dazu wurden nur noch im verringerten Umfang bearbeitet. Dabei fand auch hier die NS-Ideologie ihren Niederschlag: Es sind Anfragen von wissenschaftlichen Nutzern erhalten, die vor Beginn oder vor der Fortsetzung ihrer Forschung erst einmal klären mussten, ob die Person ihrer Untersuchung unbeabsichtigterweise Jude war oder nicht. Eine Vielzahl von Personen der hamburgischen Geschichte stand unter dem Verdacht, jüdische Vorfahren gehabt zu haben, wie beispielsweise die Familie Godeffroy[174] oder auch Wilhelm Marr[175], dem die agitatorische Prägung des Begriffs „Antisemitismus" zugeschrieben wird.[176] Zudem verlagerten sich die Forschungsthemen zunehmend hin zur Erforschung des Judentums, freilich unter antisemitischen Vorzeichen. Zu einem der Nutzer des Staatsarchivs Hamburg zählte beispielsweise Hermann Kellenbenz. Er forschte im Auftrag des Reichsinstituts für Geschichte des neuen Deutschlands (RIGD)[177] zur „Geschichte des Finanzjudentums in Hamburg".[178]

Auch von staatlicher Seite ergingen an das Staatsarchiv Forschungsaufträge um eine mögliche jüdische Vergangenheit aufzudecken. So wollte

---

173 Staatsarchiv Hamburg, 133-1 II Staatsarchiv II, Nr. 24: 23326/1936, Schreiben von Erich von Lehe an einen Nutzer vom 28.1.1937.

174 Staatsarchiv Hamburg, 133-1 II Staatsarchiv II, Nr. 56: 12809/1940, Anfrage des Reichspropagandaamts Hamburg vom 19.11.1940.

175 Staatsarchiv Hamburg, 133-1 II Staatsarchiv II, Nr. 5: 4988/1933, Anfrage von H. Marr vom 20.5.1934.

176 Moshe Zimmermann: Wilhelm Marr. The Patriach of Anti-Semitism, New York, Oxford 1986, S. 112.

177 Siehe ausführlich dazu: Helmut Heiber: Walter Frank und sein Reichsinstitut für Geschichte des neuen Deutschlands (Quellen und Darstellungen zur Zeitgeschichte, 13), Stuttgart 1966.

178 Staatsarchiv Hamburg, 133-1 II Staatsarchiv II, Nr. 43: 6382/1939, Schreiben von Heinrich Reincke an Hermann Kellenbenz vom 24.9.1940. Teile dieser Arbeit wurden 1958 in Wiesbaden als Kellenbenz' Habilitationsschrift veröffentlicht unter dem Titel „Sephardim an der unteren Elbe. Ihre wirtschaftliche und politische Bedeutung vom Ende des 16. bis zum Beginn des 18. Jahrhunderts".

die Bürgerschaft im Januar 1939 Bilder früherer Mitglieder aufhängen, versicherte sich jedoch vorher erst beim Archiv, dass sich darunter kein Jude befand.[179] Auch das Oberlandesgericht wollte feststellen lassen, wie viele seiner Mitglieder Juden waren. „Daß unter den aktiven Mitgliedern […] keine sind, ist selbstverständlich."[180] Die Archivare informierten hier die Behörden und halfen so bei der Umsetzung der reichsweiten Vorgaben.

Da das Staatsarchiv mit der Um- und Benennung von Straßennamen befasst war, ging auch der Vorgang der Umbenennung der nach jüdischen Persönlichkeiten benannten Straßen durch die Hände der Archivare.[181] Am 13. Oktober 1938 beschloss der Senat die Umbenennung von jüdischen Straßennamen und so wurde unter anderem aus der Hallerstraße die Ostmarkstraße und aus der Heinrich-Heine-Straße der Hamburger Berg. Auch an dieser Stelle trat das Archiv in der Öffentlichkeit hervor und unterstützte die antisemitische Politik der Nationalsozialisten.

Allgemein änderten sich durch die Schwerpunktverlagerung hin zu den Ariernachweisen, wie erwähnt, der Kreis und die Anzahl der Nutzer. War das Staatsarchiv vorher einem eher exklusiven Kreis akademischer Forscher vorbehalten gewesen, mussten ab 1933 Menschen verschiedenster Bildungs- und Gesellschaftsschichten die Archivdienste in Anspruch nehmen. In den Benutzerzahlen äußerte sich das mit einem Höhepunkt von 656 Nutzern 1936 im Gegensatz zu den Jahren vor 1933 mit durchschnittlich 350 Nutzern.[182] Auf dem Deutschen Archivtag 1934 in Wiesbaden war der damalige Generaldirektor der preußischen Staatsarchive, Albert Brackmann, begeistert, dass sich „eine immer zunehmende Welle von Benutzern in die Archive [ergießt], und der Kreis der Personen, die diese öffentlichen Institute in Anspruch nehmen, umfaßt jetzt fast alle Schichten

---

179 Staatsarchiv Hamburg, 133-1 II Staatsarchiv II, Nr. 44: 1377/1939, Anfrage des Hauptverwaltungsamtes vom 23.5.1939.

180 Staatsarchiv Hamburg, 133-1 II Staatsarchiv II, Nr. 43: 10939/1939, Schreiben des Hanseatischen Oberlandesgerichts vom 27.5.1939.

181 Staatsarchiv Hamburg, 133-1 II Staatsarchiv II, Nr. 33: 14634/1938, archivinterner Bericht von Kurt Detlev Möller vom 6.8.1938 wegen einer Beschwerde des Reichsstatthalters Karl Kaufmann, da Möller vorab Informationen an eine Zeitung gegeben hatte.

182 Statistisches Jahrbuch 1934/35, S. 202, Durchschnitt der Zahlen aus den Jahren 1929–1932.

der Bevölkerung".[183] Brackmann sah in den neuen Anforderungen an die Archive und in den erweiterten Nutzergruppen „eine neue Zeit"[184] heranziehen. Kellinghusen stand dem kritischer gegenüber. Mit der Befristung der Durchführung des Berufsbeamtengesetzes bis zum 1. Oktober 1933 hatte er die Hoffnung gehabt, dass „der Andrang der Ariernachweise im wesentlichen beendet sein würde und sich die Archivare wieder der eigentlichen Familienforschung, deren Förderung im Dritten Reich der Wunsch des Führers ist, zuwenden könnte[n]".[185] Die massenhafte Ausstellung der Ariernachweise zählte für Kellinghusen, zumindest in dieser frühen Zeit, offenbar nicht zur Familienforschung.

Archive reichsweit sahen sich mit ähnlichen Problemen konfrontiert wie das Staatsarchiv Hamburg. Neben den Standes- und Kirchenbuchämtern waren die Archive die Anlaufstelle für die Ariernachweise, auch wenn im Hamburger Staatsarchiv die Auswirkungen stärker zu spüren waren, da die Quellen hier gebündelt vorhanden waren. Eine übergeordnete reichsweite Vertretung der Archive fehlte, weswegen der Deutsche Archivtag als Austauschplattform an Wichtigkeit noch zunahm. Seit 1899 wurde ein Deutscher Archivtag ausgerichtet und bildete eine der wenigen Möglichkeiten, bei denen sich die Archivare austauschen konnten. Schon in den 1920er Jahren erhielten diese Tagungen auch einen politischen Charakter, als man beispielsweise 1927 als Tagungsort das von den Franzosen besetzte Speyer wählte oder 1928 Danzig.[186] Der 24. Archivtag 1933 in Königsberg bot die Gelegenheit, um den neuen Machthabern die Loyalität der Archivare zu versichern.[187] Im Jahr darauf eröffnete Brackmann laut Manuskript den Archivtag unter anderem mit den Worten:

> „Hitlers ‚Kampf um Deutschland' ist auch der unsere; alle unsere Kräfte und all unser berufliches Können werden wir für die große

183 Staatsarchiv Hamburg, 133-1 II Staatsarchiv II, Nr. 11: 9299/1934, Manuskript der Eröffnungsansprache des 25. Archivtags vom 2.9.1934, am 27.10.1934 von Albert Brackmann an Heinrich Reincke gesandt.

184 Ebd.

185 Kellinghusen: Personenforschung, S. 5, letztendlich wurde die Anwendung des Berufsbeamtengesetzes erst im Herbst 1934 für beendet erklärt, vgl. Lohalm: Garant, S. 161.

186 Musial: Staatsarchive, S. 20.

187 Ebd., S. 30.

> Aufgabe einsetzen, die er sich und uns gestellt hat: für den Aufbau eines neuen glücklichen Deutschlands. Mit diesem Gelöbnis huldigen wir deutschen Archivare ihm heute in dem Rufe: Unser Führer und Reichskanzler Adolf Hitler – Sieg-Heil!“[188]

Dementsprechend ging es bei den Tagungen auch inhaltlich um nationalsozialistische Belange, zu denen die Ausstellung der Ariernachweise gehörte.[189]

Auf dem 1936 in Karlsruhe stattfindenden 26. Deutschen Archivtag fand Kellinghusens Veröffentlichung breite Rezeption. Knöpfler hielt dort einen Vortrag über das Thema „Archive und Familienforschung“. In den bayerischen Staatsarchiven waren, bestimmt durch die übergeordnete Archivverwaltung, schon 1933 Beratungsstellen für Familienforschung zur Erleichterung der Arbeit mit den Ariernachweisen eingeführt worden. Im Vorfeld seines Vortrags zog Knöpfler Erkundigungen darüber ein, wie andere Archive, unter anderem das Staatsarchiv Hamburg, mit der Situation umgingen.[190] Reincke antwortete mit einem kurzen Schreiben unter Beifügung von Kellinghusens Veröffentlichung. Daraufhin schrieb ihm der Generaldirektor der bayerischen Staatsarchive, Otto Riedner, er glaube kaum, „daß [Knöpfler] von anderswoher eine bessere, bequemere und reichhaltigere Unterlage für seinen Vortrag erhalten könnte“.[191] Aufgrund einer Erkrankung konnte Reincke 1936 am Archivtag nicht teilnehmen und schickte seinen Stellvertreter Kellinghusen. Der erste Vortrag der Tagung wurde dort von Knöpfler gehalten und Kellinghusen berichtete an den Senat: Knöpfler „legte seinem Vortrag in erster Linie meine in der Reihe: Hamburg im Dritten Reich erschienene Abhandlung: Das Staatsarchiv und die Personenforschung zu Grunde und bezeichnete wiederholt den Aufbau

[188] Staatsarchiv Hamburg, 133-1 II, Staatsarchiv II, Nr. 11: 9299/1934, Manuskript der Eröffnungsansprache vom 2.9.1934 für den 25. Archivtag 1934, am 27.10.1934 von Albert Brackmann an Heinrich Reincke gesandt.

[189] Staatsarchiv Hamburg, 133-1 II Staatsarchiv II, 11: Nr. 9299/1934, Programm des 25. Archivtages.

[190] Staatsarchiv Hamburg, 133-1 II Staatsarchiv II, Nr. 15: 7226/1935, Schreiben vom Generaldirektor der staatlichen Archive Bayerns, Otto Riedner, an Heinrich Reincke vom 24.5.1935.

[191] Staatsarchiv Hamburg, 133-1 II Staatsarchiv II, Nr. 15: 7226/1935, Schreiben von Otto Riedner an Heinrich Reincke vom 17.6.1935.

der personenkundlichen Abteilung in unserem Staatsarchiv und die hiesige Bearbeitung der familienkundlichen Anträge als vorbildlich."[192]

Auch abseits der Archivtage wurde zwischen den Archiven korrespondiert. Hauptsächlich ging es bei den Korrespondenzen um die neu herausgegebenen Publikationen und Editionen. Es existierte ein reger Schriftentausch und als Währung diente dem Staatsarchiv Hamburg ab 1935 unter anderem Kellinghusens Veröffentlichung. Auch bei Problemen bei der Ausstellung von Ariernachweisen wurde von anderen Archiven angefragt, wie dort verfahren wurde. Hierbei erfüllte Kellinghusens Aufsatz die Funktion, die anderen Archive über die Lage des Staatsarchivs Hamburg zu informieren. So fragte das Stadtarchiv Magdeburg am 3. Oktober 1935 an, ob in Hamburg eine Beratungsstelle für Familienkunde bestehe und wie dort mit Ablieferungen umgegangen werde. Reincke antwortete kurz und verwies auf die beigefügte Schrift, Kellinghusens Veröffentlichung.[193]

Es gab noch eine weitere Veröffentlichung des Staatsarchivs, die an den Erfolg der Rezeption von Kellinghusens Aufsatz anknüpfte und die der durch die Nationalsozialisten herbeigeführten Situation geschuldet war: Reincke hatte 1936 ein „Merkblatt über die Namensführung der Unehelichen" geschrieben. Was im Berufsbeamtengesetz recht einfach dargestellt war, dass die urkundlichen Nachweise über die Großeltern erbracht werden mussten, um die Zugehörigkeit zum Judentum zu widerlegen, führte in der Praxis zu großen Problemen. So stellte sich bald heraus, dass die Heranziehung der im Berufsbeamtengesetz explizit geforderten Heiratsurkunden keinerlei Wert für die Feststellung des Religionsbekenntnisses besaß. Zwar konnten aus den Einträgen in das Heiratsregister die Namen der Eltern oder Großeltern entnommen werden, für die Kenntnis der Religionszugehörigkeit mussten jedoch Einträge in den Geburts- oder Taufregistern vorliegen, anhand derer Geburts- und Taufurkunden ausgestellt werden konnten.[194] Zudem gab es mehr Fälle als angenommen, in denen

---

[192] Staatsarchiv Hamburg, 131-6 Staatsamt, Nr. 14: „Bericht über den XXVI. Deutschen Archivtag und die Hauptversammlung des Gesamtvereins in Karlsruhe vom 17.-23.9.1936" von Hans Kellinghusen.

[193] Staatsarchiv Hamburg, 133-1 II Staatsarchiv II, Nr. 16: 13305/1935, Schreiben von Heinrich Reincke an das Stadtarchiv Magdeburg vom 28.10.1935.

[194] Kellinghusen: Personenforschung, S. 3.

nicht einfach zu bestimmen war, wer die Großeltern waren. Dies war vor allem bei unehelichen Kindern der Fall, wenn der Vater nicht bekannt war, oder bei Adoptionsfällen. Es zählte die „rassische" Verwandtschaft: die leiblichen Eltern und Großeltern.

Um dieser Problematik im Fall der Unehelichkeit Herr zu werden, verfasste Reincke ein Merkblatt über Namensgebung von unehelichen Kindern. Vorerst für den internen Gebrauch bestimmt, wurde es 1936 veröffentlicht.[195] Von vielerlei Stellen wurde Interesse an diesem Merkblatt und dem im gleichen Jahr erschienenen Aufsatz „Von der Feststellung unehelicher Vaterschaft und ihrer Rechtsfolgen" geäußert. Von dem Polizeipräsidenten in Berlin bis zu Mitarbeitern der Stadt- bzw. Staatsarchive in Aachen und Speyer war man auf die Veröffentlichungen aufmerksam geworden.[196] An die Reichsstelle für Sippenforschung (RfS), die 1935 den SfR als höchste Instanz bei der Entscheidung von Zweifelsfällen bei Ariernachweisen ersetzte, übersandte Reincke im Oktober 1936 auf eigene Initiative einige Exemplare. Auch dort stieß er auf reges Interesse und es wurden zusätzliche Exemplare angefordert.[197]

Diese, von anderen als vorbildlich angesehene Arbeit, hatte ihren Preis. Wie bereits erwähnt, blieben andere Arbeiten liegen, das Personal wurde mit Schichtarbeit an seine Grenzen gebracht. Auch die wissenschaftlichen Archivare Reincke, von Lehe und Möller waren mit der Bearbeitung der Anträge auf Ausstellung von Ariernachweisen beschäftigt, obwohl dies nicht zu ihren Aufgaben gehörte. Das hatte Folgen bis in den privaten Bereich: Hans Nirrnheim schied 1933 als Direktor des Archivs aus, blieb jedoch noch bis 1937 gegen seinen Wunsch Vorsitzender des VHG. Als Erklärung für die späte Ablösung durch Möller gab Reincke an, dass „das Staatsarchiv damals derart überlastet war, daß kein Angehöriger des Amts

---

[195] Staatsarchiv Hamburg, 133-1 II Staatsarchiv II, Nr. 19: 6366/1936, „Merkblatt über die Namensführung der Unehelichen" vom 6.3.1936.

[196] Staatsarchiv Hamburg, 133-1 II Staatsarchiv II, Nr. 21: 15878/1936 Schreiben vom Polizeipräsidium Berlin vom 25.8.1936; Staatsarchiv Hamburg, 133-1 II Staatsarchiv II, Nr. 23: 19420/1936, Anfrage vom Stadtarchiv Aachen vom 13.10.1936; Staatsarchiv Hamburg, 133-1 II Staatsarchiv II, Nr. 32: 747/1938, Schreiben vom Staatsarchiv Speyer vom 6.1.1938.

[197] Staatsarchiv Hamburg, 133-1 II Staatsarchiv II, Nr. 23: 18762/1936, Briefwechsel zwischen Heinrich Reincke und der RfS am 5.10.1936 und 21.10.1936.

noch Zeit und Kraft zur Verfügung stellen konnte".[198] Reincke selber hatte bereits 1932 den Vorstand des VHG verlassen, wegen seiner Arbeitsbelastung mit Übernahme des Direktorats, des Vorsitzes der ZNF und der Forcierung seiner Karriere an der Universität. Er trat dem Vorstand 1938 wieder bei, ungefähr zeitgleich mit dem Nachlassen der Arbeit an den Ariernachweisen.[199] Bereits 1935 legte er wegen der beruflichen Belastung den Vorsitz der ZNF nieder[200] und musste 1937 seine Vorlesungen an der Universität absagen[201], wobei auch andere Gründe, wie seine schlechte Gesundheit, eine Rolle gespielt haben dürften.

Zu alldem kam hinzu, dass die Arbeitsbedingungen in den damaligen Räumen im Hamburger Rathaus nicht optimal waren. In den Magazinräumen, wo die hauptsächliche, wenig abwechslungsreiche Arbeit – namentlich die Suche nach den entsprechenden Einträgen in den Kirchenbüchern – stattfand, herrschte „zu jeder Jahreszeit unerträgliche Hitze".[202] Die Durchschnittstemperatur betrug um die 25° C und ein Öffnen der Fenster war wegen der Zugluft nicht möglich. Die Verwaltungsräume waren so weit von den Magazinräumen entfernt, dass ein Archivale einen Weg von einem halben Kilometer zurücklegen musste, bevor es im Büro des Archivars ankam.[203]

Auch aus bestanderhalterischer Sicht hatte die Schwerpunktverlagerung hin zur Familienforschung Auswirkungen auf die Be- und Abnutzung der Quellen. Von Mai 1933 bis nach 1939 waren die am meisten benutzten Archivalien die Kirchenbücher.

---

198 Reincke: Möller, S. 17, wobei die Nachfolge von Möller wohl erst im Frühjahr 1937 entschieden wurde, vgl. dazu demnächst: Zimmermann: Bürgerliche Geschichtswelten.

199 Asendorf: Verschämter Antisemitismus, S. 232.

200 Ebd., S. 236. Dies ist jedoch auch im Zusammenhang mit dem Sturz Gerckes zu sehen, der 1935 wegen Gerüchten über seine Homosexualität aus der NSDAP ausgeschlossen wurde.

201 Heinrich Reincke: Hamburg am Vorabend der Reformation, aus dem Nachlass hrsg., eingeleitet und ergänzt von Erich von Lehe (Arbeiten zur Kirchengeschichte, 8), Hamburg 1966, S. 120.

202 Staatsarchiv Hamburg, 133-1 II Staatsarchiv II, Nr. 43: 8323/1939, Schreiben von Karl Kortes an die Kämmerei vom 1.7.1939.

203 Staatsarchiv Hamburg, 133-1 II Staatsarchiv II, Nr. 57: 2459/1941, Bericht Heinrich Reinckes vom 22.8.1940 über einen Neubau des Staatsarchivs, nicht adressiert.

3.2 Kirchenbücher

Die dermaßen übermäßige Beschäftigung des Staatsarchivs Hamburg mit den Ariernachweisen liegt begründet in der Fülle der dafür benötigten Quellen, die dort nahezu vollständig vorhanden waren. Allgemein bildeten vor allem die Kirchenbücher die wichtigsten Quellen.

1874 für Preußen und 1876 für das gesamte Deutsche Reich wurde die Aufzeichnung der Geburts-, Heirats- und Sterbefälle durch die Standesämter gesetzlich geregelt.[204] Diese staatlichen Personenstandsregister befanden sich zur Zeit des Nationalsozialismus nicht im Archiv, sondern bei den Standesämtern.[205] Sie wurden nach klar festgelegten Richtlinien geführt und hatten Vorläufer in Hamburg, die sich bereits im Archiv befanden. Seit 1866 waren alle Geburten, Trauungen und Sterbefälle staatlich registriert worden, in der Franzosenzeit war in den Jahren 1811 bis 1815 das fortschrittliche französische Zivilstandswesen eingeführt worden.[206] Für die Zeit davor und dazwischen gibt es keine staatlichen Aufzeichnungen über derlei Informationen.[207]

Da für die Ariernachweise jedoch Informationen bis zur Generation der Großeltern oder – für den großen Ariernachweis – sogar von früheren Vorfahren benötigt wurden, war der Bereich vor 1866 wichtiger. Dementsprechend wurden die Kirchenbücher zur wichtigsten Quelle für die Ariernachweise. Seit der ersten Hälfte des 17. Jahrhunderts führten die meisten Kirchen über Taufen und Aufgebote zu Trauungen (Proklamationen)

---

[204] Gesetz über die Beurkundung des Personenstandswesen und die Eheschließung vom 6.2.1875, Deutsches Reichsgesetzblatt 1875, Nr. 4, S. 23–40.

[205] Erst 2009 gelangten die standesamtlichen Personenstandsregister ins Staatsarchiv Hamburg mit Inkrafttreten des Personenstandsrechtsreformgesetzes vom 19.2.2007, vgl. Bundesgesetzblatt Teil I, 2007, S. 122.

[206] Jürgen Sielemann: Familienkundliche Forschungsmöglichkeiten im Staatsarchiv Hamburg, in: Zwischen Verwaltung und Wissenschaft. Beiträge zur Geschichte und Gegenwart des Staatsarchivs Hamburg, hrsg. von Hans Wilhelm Eckardt und Peter Gabrielsson (Beiträge zur Geschichte Hamburgs, 26), Hamburg 1985, S. 159–170, hier: S. 164.

[207] Eine Ausnahme für die Zeit vor den französischen Zivilstandsregistern bilden die Aufzeichnungen der Weddebehörde. Dort sind Aufgebote zu Hochzeiten enthalten, aus denen personenstandliche Informationen geschlossen werden können.

Buch.[208] Geburten oder Sterbefälle wurden noch nicht registriert, was sich nachteilig auswirkte, wenn beispielsweise bei strittigen Erbschaftsangelegenheiten ein Nachweis über die Abstammung vorgebracht werden musste.[209] 1782 griff dann in Hamburg der Rat, wie der Senat damals genannt wurde, ein und die Kirchen führten von da an ihre Kirchenbücher einheitlicher und mit der Aufzeichnung weiterer Informationen.[210]

In einer Verordnung vom 30. November 1815 liegt die Ursache, warum verhältnismäßig viele Kirchenbücher im Staatsarchiv vereinigt waren: Diese Verordnung besagte, dass die Religionsgemeinschaften Hamburgs jedes Jahr Duplikate ihrer Kirchenbücher an das Archiv abliefern mussten.[211] Dort wurde dann ein Generalregister erstellt, das die Suche in den Büchern erleichtern sollte. Durch diese Verordnung gelangten nicht nur die Duplikate der damaligen für Hamburg wichtigen evangelischen Stadtgemeinden in das Archiv, sondern auch diejenigen der katholischen und jüdischen Gemeinden. Im Laufe des 19. Jahrhunderts verbrachten außerdem viele evangelische Gemeinden die Erstbücher ihrer Kirchenbücher ins Archiv, da dadurch ihre sichere Verwahrung gewährleistet war. In den Pfarrhäusern bestand die Gefahr, dass die Kirchenbücher mit der Zeit verloren gingen oder einem Hausbrand zum Opfer fielen. Darüber hinaus wurden auch andere Quellen des Staatsarchivs zur Ausstellung der Ariernachweise herangezogen wie die Hochzeitenbücher der Wedde, Vormundschafts- und Erbschaftsakten, Steuerlisten, Einwohnerverzeichnisse oder die bereits erwähnte Stammbaumsammlung.[212]

Durch die Vereinigung so vieler Quellen für die Ariernachweise avancierte das Staatsarchiv auch für die anderen Archive zur Anlaufstelle bei Problemen und Fragen. So plante das Preußische Staatsarchiv Königsberg

---

208 Sielemann: Familienkundliche Forschungsmöglichkeiten, S. 162.

209 Ebd., S. 162 f.

210 Verordnung vom 30.9.1782, vgl. Sammlung hamburgischer Verordnungen, hrsg. von Christian Daniel Anderson, Bd. 1, Hamburg 1783, S. 490–493.

211 Sammlung der Verordnungen der freyen Hanse-Stadt Hamburg seit deren Wiederbefreyung im Jahre 1814, bearb. von Christian Daniel Anderson, 2. Bd. Verordnungen von 1815, Hamburg 1815, S. 194–200, hier: S. 199.

212 Staatsarchiv Hamburg, 133-1 II Staatsarchiv II, Nr. 59: 13110/1941, Schreiben von Heinrich Reincke an den Direktor des Braunschweigischen Staatsarchivs vom 20.11.1941.

1936 alle ostpreußischen Kirchenbücher zusammenzuführen und fragte im Staatsarchiv an, wie dort die Details geregelt seien. Reincke antwortete ausführlich unter Mitsendung von mehreren Anlagen, unter anderem Kellinghusens Veröffentlichung, dem Verzeichnis der im Staatsarchiv verwahrten Kirchenbücher und der Gebührenordnung.[213] Er enthielt sich in dem Schreiben nicht seiner Meinung. So bezweifelte er, dass die Vereinigung der Kirchenbücher einer ganzen Provinz sinnvoll sei. Den „Eingesessenen" müsse die Möglichkeit bleiben, die Urkunden in ihrer Nähe zu erhalten und außerdem meinte er, „werden die kirchlichen Belange es kaum zulassen, daß Register einer jüngeren Vergangenheit (etwa bis zur Generation der Großeltern der Lebenden) ohne irgendwelchen Ersatz aus der Gemeinde entfernt werden". Im Staatsarchiv sei es so geregelt, dass die kirchlichen Bücher als „dauernde Leihgabe" behandelt würden und sich dementsprechend noch im Eigentum der Gemeinden befänden. Dies zeige sich jedoch nur darin, dass die Veräußerung oder Abgabe an andere Institute der vorherigen Zustimmung der Gemeinde bedürfe. Während Reincke die Vereinigung der Kirchenbücher für eine ganze Provinz ablehnte, befürwortete er dies für eine Großstadt, da damit sehr viel Arbeit erspart bliebe.

Im Groß-Hamburg-Gesetz und den daraus folgenden Gebietserweiterungen sah Reincke die Chance, alle wichtigen Quellen im Hamburger Staatsarchiv zusammenzufassen. Er schwärmte: „Der gegenwärtige Augenblick ist der gegebene Einsatzpunkt für zwei neue Aufgaben des Staatsarchivs: Zusammenziehung der gesamten Kirchenbücher [...] sowie aller anderen sippenkundlichen Quellen von Groß-Hamburg in einer großen hamburgischen Sippenkanzlei"[214] und die Schaffung eines großen zentralen Kartenarchivs.[215] Zu der Zeit kam es vielerorts zur Einrichtung von sogenannten „Sippenkanzleien" oder „Sippenstellen". Dort sollten alle für die Ariernachweise wichtigen Quellen zusammengefasst werden.

---

[213] Hier und im Folgenden: Staatsarchiv Hamburg, 133-1 II Staatsarchiv II, Nr. 20: 10366/1936, Schreiben von Heinrich Reincke an das Staatsarchiv Königsberg vom 5.5.1936.

[214] Hier und im Folgenden: Staatsarchiv Hamburg, 133-1 II Staatsarchiv II, Nr. 25: 3542/1937, Schreiben von Heinrich Reincke ohne Adressat [ohne Datum].

[215] Hier und im Folgenden: Staatsarchiv Hamburg, 133-1 II Staatsarchiv II, Nr. 25: 3542/1937, Schreiben von Heinrich Reincke ohne Adressat [ohne Datum].

Der Plan von Reincke sah vor, dass eine „Sippenkanzlei" in Hamburg vom Staatsarchiv unabhängig sein sollte, aber räumlich und personell eng verknüpft. Da es für diese Idee jedoch in den Quellen keine weiteren Belege gibt, wird es sich dabei mehr um eine Hoffnung Reinckes gehandelt haben, da damit der Prozess um die Ausstellung der Ariernachweise erleichtert und das Problem der Überlastung des Archivs gelöst worden wäre.

Der Verbleib der Kirchenbücher war deutschlandweit eine viel diskutierte Frage. Schon im Juli 1933 hatte der Reichsinnenminister verfügt, dass besondere Maßnahmen für die Sicherstellung der für die „bevölkerungs- und rassenpolitischen Gebiete"[216] wichtigen Schriftstücke zu ergreifen seien. Reincke meldete, der vom Innenminister „als erstrebenswertes Ziel hingestellte Zustand ist für das Gebiet der Freien und Hansestadt Hamburg im Wesentlichen erreicht".[217] Er führte weiter aus, „die Quellen für die Feststellung des rassischen Bestandes der Bevölkerung sind schon jetzt fast vollständig in das hamburgische Staatsarchiv überführt, der in anderen Händen verbliebende Rest ist bekannt und wird regelmäßig überwacht".[218] Als nahezu eine Selbstverständlichkeit sah er es an, dass auch dieser Rest „über kurz oder lang"[219] dem Staatsarchiv zur dauernden Aufbewahrung überlassen werden würde. Mit dieser Vermutung sollte er Recht behalten, auch wenn dies unter den Vorzeichen der Gefahren der Luftangriffe während des Krieges geschah, als viele Gemeinden sich dazu entschlossen, ihre Kirchenbücher angesichts der drohenden Zerstörung an das Staatsarchiv abzugeben (vgl. Kapitel 5.2). Insgesamt diente die reichsweit vorangetriebene Vereinigung der genealogischen Quellen nicht allein der Arbeitserleichterung, also der Verkürzung der zurückzulegenden Wege, sie diente vor allem der Sicherstellung der für die Zwecke der Nationalsozialisten wertvollen Quellen.

---

216 Staatsarchiv Hamburg, 133-1 II Staatsarchiv II, Nr. 4: 4230/1933, Rundschreiben des Reichsministers des Innern an die Landesregierungen vom 18.7.1933.

217 Staatsarchiv Hamburg, 133-1 II Staatsarchiv II, Nr. 4: 4230/1933, Bericht von Heinrich Reincke an das Staatsamt für auswärtige Angelegenheiten vom 25.8.1933.

218 Ebd.

219 Staatsarchiv Hamburg, 133-1 II Staatsarchiv II, Nr. 4: 4230/1933, Bericht von Heinrich Reincke an das Staatsamt für auswärtige Angelegenheiten vom 25.8.1933.

Ebenfalls im Juli 1933 forderte der Reichsminister des Innern, dass „besondere Maßnahmen zum Schutz dieser [der Quellen zur Feststellung der „rassischen“ Vergangenheit des Volkes, Anm. d. Verf.] bzw. aller Schriftdenkmäler zu treffen“[220] seien. Die Abnutzung der Quellen verstärkte sich im Laufe der Zeit dadurch, dass die große Anzahl an Ariernachweisen wegen immer neuer Gesetze nicht abbrach. Die Kirchenbücher des 19. Jahrhunderts wurden in Hamburg von den Mitarbeitern des Archivs so viel benutzt, dass ihre Ausgabe in den Lesesaal ab 1935 nur noch in Ausnahmefällen erfolgte.[221] Im Februar 1936 schilderte Reincke in einer Verfügung, vor allem wohl für die neu eingestellten Hilfskräfte, den korrekten Umgang mit den Kirchenbüchern. Dabei machte er klar: „Je stärker gegenwärtig die Benutzung der Kirchenbücher und Personenstandsregister ist, um so größere Sorgfalt erfordert ihre Behandlung.“[222] Dementsprechend sollten die Bücher nicht geworfen, nicht fallen gelassen und nicht auf gefährliche Art und Weise gestapelt werden.[223] Drei Monate später erinnerte er außerdem erneut daran, „daß das Anfeuchten der Seiten beim Umschlagen untersagt ist.“[224] Ähnliche Erfahrungen mussten anscheinend auch andere Archive machen. Dementsprechend gab es im Mai 1936 einen Runderlass des Reichs- und Preußischen Ministers des Innern, dass Kirchenbücher, um die es schlecht stehe, zur Sicherheit fotokopiert werden sollten.[225] Auch in diesem Fall war Reincke mit seinen Planungen den offiziellen Erlassen der Regierung voraus. Schon im September 1935 schrieb er an die hamburgische Finanzverwaltung:

---

[220] Staatsarchiv Hamburg, 133-1 II Staatsarchiv II, Nr. 4: 4230/1933, Rundschreiben des Reichsminister des Innern an die Landesregierungen vom 18.7.1933.

[221] Staatsarchiv Hamburg, 133-1 II Staatsarchiv II, Nr. 11: 10726/1934, Aktenvermerk von Kurt Detlev Möller vom 5.8.1936, vgl. außerdem Kellinghusen: Personenforschung, S. 12.

[222] Staatsarchiv Hamburg, 133-1 II Staatsarchiv II, Nr. 4: 4230/1933, internes Schreiben von Heinrich Reincke vom 12.2.1936.

[223] Ebd.

[224] Staatsarchiv Hamburg, 133-1 II Staatsarchiv II, Nr. 4: 4230/1933, Verfügung von Heinrich Reincke vom 4.5.1936.

[225] Staatsarchiv Hamburg, 133-1 II Staatsarchiv II, Nr. 4: 4230/1933, Runderlass des Reichs- und Preußischen Ministers des Innern vom 29.5.1936.

> „Die Kirchenbücher und Zivilstandsregister, vor allem aber die Register zu ihnen sind durch die übermäßige Inanspruchnahme in den letzten Jahren (Ariernachweise!) derart mitgenommen worden, daß die Herstellung von Duplikaten im Interesse ihrer ferneren Erhaltung sowie zur Erleichterung des Nachschlagens dringend nötig geworden ist. Billigster und zugleich zuverlässigster Weg ist die Vervielfältigung durch Photokopien."[226]

So wurde Anfang des Jahres 1937 im Staatsarchiv Hamburg ein Kopierapparat angeschafft.[227] Dabei standen die Archivare im engen Kontakt mit der RfS, die sich sehr für den Fortschritt des Kopierens der Kirchenbücher interessierte. Vom Staatsarchiv wurden Berichte über den Zwischenstand dorthin gesandt.[228]

Des Weiteren wurde versucht, die in den Kirchenbüchern vorhandenen Informationen für die Zwecke der Nationalsozialisten auf ein Möglichstes auszuschöpfen. Die sogenannte Forschungsabteilung „Judenfrage" des RIGD versuchte 1937 eine „Historische Statistik der Judentaufen und Mischehen" aufzustellen. Für diese Aufgabe bot Reincke die Dienste des Archivs an.[229] Nur vier Monate später hatte ein wissenschaftlicher Mitarbeiter am Archiv, Carl Theodor Freytag, bereits 160000 Taufbucheintragungen von vier der fünf Hauptkirchen von 1602 bis 1700 durchgesehen und dabei über 183 Taufen von „Juden oder Fremdrassigen"[230] registriert, was die Forschungsabteilung als „wesentlichen Beitrag"[231] bezeichnete. Der

---

[226] Staatsarchiv Hamburg, 133-1 II Staatsarchiv II, Nr. 13: 12/1935, Schreiben von Heinrich Reincke an die Hamburgische Finanzverwaltung am 10.9.1935.

[227] Staatsarchiv Hamburg, 133-1 II Staatsarchiv II, Nr. 20: 11985/1936, Schreiben von Erich von Lehe an die British Records Association vom 14.4.1937.

[228] Staatsarchiv Hamburg, 133-1 II Staatsarchiv II, Nr. 30: 1732/1938, Schreiben von Erich von Lehe an die RfS vom 2.7.1938 und 12.1.1939 mit Informationen über die bereits fotokopierten Kirchenbücher.

[229] Staatsarchiv Hamburg, 133-1 II Staatsarchiv II, Nr. 29: 18178/1937, Brief von Heinrich Reincke an die Forschungsabteilung „Judenfrage" des RIGD vom 3.11.1937.

[230] Staatsarchiv Hamburg, 133-1 II Staatsarchiv II, Nr. 29: 18178/1937, Schreiben von Hans Kellinghusen an die Forschungsabteilung „Judenfrage" des RIGD vom 7.3.1938.

[231] Staatsarchiv Hamburg, 133-1 II Staatsarchiv II, Nr. 29: 18178/1937, Schreiben der Forschungsabteilung „Judenfrage" des RIGD an Hans Kellinghusen vom 6.9.1938.

nächste Schritt sei nun herauszufinden, was aus diesen „Judentäuflingen" geworden sei, um so auf deren Nachkommen schließen zu können.[232] Ein Interesse an solch einer Auswertung der Kirchenbücher bekundete auch die RfS.[233]

Die Kirchenbücher waren die wichtigsten Quellen für die Abstammungsnachweise. Sie wurden herangezogen, um die antisemitischen Maßnahmen der NS-Regierung durchführen zu können. Je weiter die Zeit voranschritt, desto wichtiger wurde der Besitz eines Ariernachweises.

3.3 Jüdische Nutzer im Hamburger Archiv

1933 bezeichneten sich mehr als 19400 von insgesamt knapp 1,6 Millionen Einwohnern (1,2 Prozent) des Gebietes, das später Groß-Hamburg wurde, als jüdisch.[234] Sie waren in mehreren Gemeinden organisiert, wobei die Deutsch-Israelitische Gemeinde die größte und wichtigste war. In Vorwegnahme von Zwangsmaßnahmen schlossen sich die jüdischen Gemeinden im Zuge des Groß-Hamburg-Gesetzes 1937 zum Jüdischen Religionsverband (JRV) zusammen, bereits 1938 verlor der Verband den Status einer öffentlich-rechtlichen Körperschaft.[235] Nach den Ereignissen der Novemberpogrome gab es keine unabhängige Gemeindetätigkeit mehr. Die verschiedenen Organe wurden beseitigt und die Leitung, die dem alleinigen „Geschäftsführer" Max Plaut übergeben wurde, unterstand der Gestapo.[236] Ab Ende 1939 war der JRV alleine mit bescheidenen Mitteln für die Versor-

---

[232] Ebd.

[233] Staatsarchiv Hamburg, 133-1 II Staatsarchiv II, Nr. 28: 12700/1938, Korrespondenz von Heinrich Reincke mit der RfS im Juni/Juli 1938.

[234] Uwe Lohalm: Die nationalsozialistische Judenverfolgung in Hamburg 1933 bis 1945. Ein Überblick, Hamburg 1999, S. 13, sowie: Ina Lorenz: Aussichtsloses Bemühen. Die Arbeit der Jüdischen Gemeinde 1941 bis 1945, in: Die Deportation der Hamburger Juden 1941–1945, hrsg. von der Forschungsstelle für Zeitgeschichte in Hamburg und dem Institut für die Geschichte der deutschen Juden, 2. Aufl., Hamburg 2002, S. 30–44, hier: S. 32.

[235] Ina Lorenz: Leo Lippmann (1881 bis 1943) – Ein deutscher Jude, in: Spätes Gedenken. Ein Geschichtsverein erinnert sich seiner ausgeschlossenen jüdischen Mitglieder, hrsg. von Joist Grolle und Matthias Schmoock (Hamburgische Lebensbilder, 21), Hamburg 2009, S. 99–136, hier: S. 126.

gung hilfsbedürftiger Juden zuständig. Hier spielte Leo Lippmann eine große Rolle.[237] Er war im Vorstand des JRV tätig und führte die Korrespondenz mit dem Staatsarchiv.

Geboren wurde Lippmann 1881 als Sohn jüdischer Eltern und studierte Rechtswissenschaften in München, Berlin und Kiel.[238] 1906 begann er als Assessor seinen Dienst in der Hamburger Finanzdeputation, in der er, zuletzt als Staatsrat, bis zu seiner Entlassung aufgrund seiner jüdischen Herkunft im Jahr 1933 tätig war. Während seiner Tätigkeit im staatlichen Finanzwesen sorgte er maßgeblich für die Versorgung Hamburgs im Ersten Weltkrieg und half bei der Bewältigung der Weltwirtschaftskrise. Ab 1921 trug er für die Zeit der Weimarer Republik mit die Verantwortung für die Finanzpolitik Hamburgs. Nach seiner Entlassung ließ sich Lippmann, der nicht besonders religiös war, 1935 in den Vorstand der Deutsch-Israelitischen Gemeinde wählen, um dort das Finanzressort zu sanieren. 1937 wurde er stellvertretender Vorsitzender des JRV.[239] Gerade mit der Zunahme der Repressalien wurde die Verwaltung der beschränkten finanziellen Mittel des JRV immer wichtiger. Mit Einsetzen der Deportationen im Oktober 1941 hatte der JRV beispielsweise für die Kosten der Versorgung der zu Deportierenden mit Kleidung, Lebensmitteln und Medikamenten aufzukommen.[240]

Im August 1942 verlor der JRV seine letzte Selbstständigkeit und ging in der Bezirksstelle Nordwestdeutschland der Reichsvereinigung der Juden in Deutschland auf, die dem Reichssicherungshauptamt unterstand.[241] Spätestens ab dem 10. Juni 1943 mit der Auflösung der Reichsvereinigung kann von einer jüdischen Selbstverwaltung nicht mehr gesprochen werden. Im Juli 1943 lebten offiziell noch 1257 Juden in Hamburg, der Großteil in Mischehen.[242] Viele Mitglieder des JRV waren Mitte 1943 deportiert wor-

---

[236] Ina Lorenz: Art. Lippmann, Leo, in: Hamburgische Biografie. Personenlexikon, Bd. 1, hrsg. von Franklin Kopitzsch und Dirk Brietzke, Hamburg 2001, S. 188 f., hier: S. 189.

[237] Lohalm: Judenverfolgung, S. 36.

[238] Vgl. hier und im Folgenden: Lorenz: Lippmann, S. 188 f.

[239] Lorenz: Ein deutscher Jude, S. 126.

[240] Lorenz: Aussichtloses Bemühen, S. 32.

[241] Lorenz: Ein deutscher Jude, S. 133.

[242] Lorenz: Aussichtloses Bemühen, S. 39.

den, Leo Lippmann und seine Frau hatten angesichts der drohenden Deportation am 11. Juni 1943 Selbstmord begangen.

Die Folgen, die ein jüdischer Vorfahr in der Familie haben konnte, waren gravierend. Der Bedrohung waren sich die Betroffenen seit Einführung der Ariergesetzgebung mit dem Berufsbeamtengesetz bewusst. Eine Frau, deren Großvater im Verdacht stand Jude zu sein, schrieb 1933 mehrere Briefe an das Staatsarchiv mit Anmerkungen wie „da von dieser Angelegenheit für mich viel abhängt“[243] oder „[d]a die Angelegenheit für mich außerordentlich wichtig und dringlich ist, ferner mein Schicksal davon abhängt“.[244] Der Frau wird es um ihre berufliche Existenz gegangen sein, Jahre später war der Besitz eines Ariernachweises jedoch die Antwort auf die Frage nach Leben und Tod.

Noch bevor Juden oder diejenigen, die nach der Definition der Nationalsozialisten als Juden galten, gezwungen waren, den Zweitnamen Sara bzw. Israel anzunehmen und noch bevor sie für jedermann offensichtlich gekennzeichnet den Judenstern tragen mussten, wusste das Archiv immer, ob der Antragsteller jüdisch war oder nicht. Da das von den Nationalsozialisten bestimmte Merkmal nicht die eigene Religionszugehörigkeit war, sondern die vermeintlich vererbbare „rassische“ Zugehörigkeit, kann man so weit gehen zu sagen, dass erst das Staatsarchiv, indem es diese Verwandtschaft in ihren Akten nachwies, die Menschen zu Juden machte. Zumindest gilt das für diejenigen, die sich selber nicht als Juden verstanden, da sie nicht religiös waren oder nicht selber einer jüdischen Gemeinde angehörten.

Interessanterweise kann nun unterschieden werden zwischen dem Umgang der Archivare mit den für sie offensichtlich jüdischen Antragstellern und den Informationen, die sie gewannen.

---

[243] Staatsarchiv Hamburg, 133-1 II Staatsarchiv II, Nr. 4: 3676/1933, Schreiben von Jutta von Loui an das Pfarramt St. Jacobi vom 17.11.1933.

[244] Staatsarchiv Hamburg, 133-1 II Staatsarchiv II, Nr. 4: 3676/1933, Schreiben von Jutta von Loui an das Staatsarchiv Hamburg vom 13.10.1933.

3.3.1 Umgang mit jüdischen Nutzern

Zunächst einmal lässt sich feststellen, dass sich der Umgang mit jüdischen Nutzern nicht von dem Umgang mit „arischen" Nutzern unterschied. Der Ton in den Korrespondenzen war gleichermaßen dienstlich-distanziert und freundlich. Sei es in der Korrespondenz mit der RfS, mit der Gestapo, intern oder mit dem JRV: Es fällt nie ein abfälliges Wort. Wenn Nutzern mitgeteilt wurde, dass sie Nachfahre eines Juden waren, wurde diese Mitteilung unter Angabe der jeweiligen Quelle gemacht. Für den Archivar waren es nur die Worte: „Ihr Großvater war jüdischer Abstammung" oder „Ihr jüdischer Großvater", für den Nutzer änderte sich damit sein ganzes Leben. Dass die Archivare damit diese Menschen erst aus dem Arbeitsleben und bald aus dem öffentlichen Leben vertrieben, dessen mussten sie sich aufgrund der Gesetzeslage bewusst gewesen sein.

Zu einer der ersten Einschränkungen für jüdische Menschen in Archiven führte der Erlass des Reichsinnenministers vom 15. Juni 1935, der besagte, dass die Benutzung von Archivmaterial zur Geschichte des Judentums im 19. und 20. Jahrhundert einer besonderen Genehmigung bedürfe. Moritz Stern[245] wollte 1936 Akten einsehen, die er schon einmal eingesehen hatte, die aber dieser Einschränkung unterlagen. Reincke verwandte sich für ihn und schrieb an den Senat zum „Benutzungsgesuch des Juden Dr. Moritz Stern aus Berlin": „Da Antragsteller die fraglichen Stücke z. Tl. schon früher in Händen gehabt hat, bestehen m. E. keine Bedenken sie ihm nochmals zugänglich zu machen."[246] Der Antrag wurde jedoch vom Senat abgelehnt.

Die Nürnberger Gesetze vom 15. September 1935, die bestimmten, dass Juden keine deutschen Staatsbürger und Ehen zwischen Ariern und Juden verboten seien, sowie die Reichspogromnacht sind nur zwei Höhepunkte der Diskriminierung von Juden in den 1930er Jahren. Besonders in der Zeit um die Reichspogromnacht wurden immer zahlreichere und härtere anti-

[245] Dr. Moritz Stern (1869–1939) war Bibliothekar der jüdischen Gemeinde in Berlin und Historiker. Seine Forschungsschwerpunkte waren besonders die Geschichte der Juden in Deutschland im Mittelalter sowie der Juden in Italien.

[246] Staatsarchiv Hamburg, 133-1 II Staatsarchiv II, Nr. 18: 2598/1936, Schreiben von Heinrich Reincke an Senator Georg Ahrens vom 11.1.1936.

jüdische Maßnahmen ergriffen. Dazu zählte auch die 2. DVO zum Gesetz über die Änderung von Familiennamen und Vornamen vom 17. August 1938. Dort wurden die laut Definition der Nürnberger Gesetze als Juden geltenden Menschen[247] gezwungen, je nach Geschlecht, als Zweitnamen den Namen Sara oder Israel anzunehmen.[248] Im Hamburger Archiv setzte eine Antragswelle von Eintragungen des Zwangsnamens in die Geburtsregister ein. Die vor 1876 geborenen Juden mussten sich im Staatsarchiv melden, die Jüngeren bei den Standesämtern, da sich die staatlichen Personenstandsregister ab 1876 dort befanden. Die Juden mussten selber dafür sorgen, dass der diskriminierende Zwangsname ordnungsgemäß eingetragen wurde. Dabei war Schnelligkeit geboten, da bis zum 1. Januar 1939 jeder männliche Erwachsene ab 18 Jahren und jeder Jude älter als drei Monate eine Kennkarte als „allgemeinen polizeilichen Inlandsausweis"[249] führen musste. Bei Juden wurde, wie später auf den Reisepässen, ein großes „J" vermerkt. In diesen Kennkarten musste der zusätzliche Zwangsname enthalten sein.[250]

Die Tatsache, dass sich die vor 1876 geborenen Juden im Staatsarchiv melden mussten, war unter anderem dem Umstand geschuldet, dass die jüdischen Register, das Äquivalent zu den Kirchenbüchern, sowie auch andere jüdische Archivalien nach der Reichspogromnacht in das Staatsarchiv gelangt waren (vgl. Kapitel 4.3). Dabei handelte es sich zum Teil um Akten, die sich noch im Gebrauch des JRV befanden. Der JRV musste sich nun an das Staatsarchiv wenden, wenn Auskünfte aus den eigenen Akten benötigt wurden. Neben den Ariernachweisen gab es also weitere Schnittstellen, an denen es zu einem vermehrten Kontakt zwischen jüdischer Bevölkerung, insbesondere in Form des JRV, und Staatsarchiv kam. Dabei

---

[247] Die Paragrafen 2 (2) und 5 der 1. DVO des Reichsbürgergesetzes vom 14.11.1935 gaben die bis zum Ende des Nationalsozialismus gültigen Definitionen, wer als Jude gelte, vgl. RGBl. I, 1935, S. 1333 f., § 2 (2) zur Frage der sogenannten Mischlinge, § 5 zur allgemeingültigen Definition: „Jude ist, wer von mindestens drei der Rasse nach volljüdischen Großeltern abstammt."

[248] Vgl. § 2 (2) der 2. DVO des Gesetzes über die Änderung von Familiennamen und Vornamen vom 17.8.1938 , RGBl. I, 1938, S. 1044.

[249] Vgl. § 1 der Verordnung über Kennkarten vom 22.7.1938, RGBl. I, S. 913. Zum Kennkartenzwang für Juden siehe: Dritte Bekanntmachung über den Kennkartenzwang vom 23.7.1938, in: RGBl. I, S. 922.

[250] Siegfried Maruhn: Staatsdiener im Unrechtsstaat. Die deutschen Standesbeamten und ihr Verband unter dem Nationalsozialismus, Berlin 2002, S. 156.

fiel an keiner Stelle ein diskriminierendes Wort, soweit es die Geschäftsakten überliefern, was jedoch für diese Zeit auch unüblich gewesen wäre. In der semi-privaten Korrespondenz zwischen Reincke und Kellinghusen sucht man ähnliches ebenfalls vergeblich.

Auffallend in dem nahezu regelmäßigen Kontakt, den das Staatsarchiv mit dem JRV führte, sind die Telefonate. Im Gegensatz zu sonstigen Anträgen wurden die Anfragen des JRV vermehrt per telefonische Rücksprache von Seiten des Archivs beantwortet. Der Telefonanschluss des JRV stellte dabei eine Ausnahme dar: Juden durften ab dem Oktober 1940 keine Telefonanschlüsse mehr haben.[251] Telefonisch ließen sich die Angelegenheiten zwischen JRV und Archiv schneller erledigen. Jedoch sind Telefonate grundsätzlich persönlicher als ein Brief. Bei dem zunehmenden Antisemitismus, der vor allem nach der Reichspogromnacht in der Öffentlichkeit immer größere und gewaltsamere Ausmaße annahm, wäre es nicht verwunderlich gewesen, wenn sich die Archivare so weit wie möglich von dem Umgang mit Juden distanziert und so wenig Kontakt wie möglich gehalten hätten.

Dabei könnte die Bekanntschaft zwischen den Archivaren und Lippmann eine Rolle gespielt haben. Lippmann, 1881 geboren und damit der gleiche Jahrgang wie Reincke, hatte bis 1933 als Staatsrat das höchste Amt unterhalb der Ebene der Senatoren inne. In dieser Funktion werden er und Reincke sich in der verhältnismäßig überschaubaren Hamburger Verwaltung kennen gelernt haben. Außerdem waren die Archivare wie auch Lippmann Mitglieder im VHG, Lippmann von 1914 bis 1933.

Ein weiteres Beispiel für den normalen Umgang mit Juden in einer Zeit, in der ihre Diskriminierung zum Alltag gehörte, stellt der Fall Richard Salomon dar. Salomon (1884–1966) war seit der Gründung der Universität in Hamburg Professor für Geschichte und Kultur Osteuropas sowie Direktor des Osteuropäischen Seminars. 1923/1924 wurde er Dekan der Philosophischen Fakultät.[252] Im April 1933 prangerte ihn der Nationalsozialistische

[251] Joseph Walk: Das Sonderrecht für die Juden im NS-Staat. Eine Sammlung der gesetzlichen Maßnahmen und Richtlinien, Heidelberg 1981, S. 325, zitiert nach: Beate Meyer: Die Verfolgung und Ermordung der Hamburger Juden 1933–1945. Geschichte, Zeugnis, Erinnerung, Hamburg 2006, S. 130.

[252] Rainer Nicolaysen: Richard Salomon (1884 bis 1966) – ein deutsch-amerikanisches Gelehrtenleben, in: Spätes Gedenken. Ein Geschichtsverein erinnert sich seiner ausgeschlossenen jüdischen Mitglieder, hrsg. von Joist Grolle und Matthias Schmoock (Hamburgische Lebensbilder, 21), Hamburg 2009, S. 159–196, hier: S. 163.

Deutsche Studentenbund als Jude an und forderte seine Entlassung.[253] Vier Monate später verlor Salomon seinen Lehrstuhl, zum Juli 1934 wurde er in den Zwangsruhestand versetzt.[254] 1937 wanderte er mit seiner Familie in die USA aus, wo er mit seinen Forschungsschwerpunkten, der Geschichte Osteuropas und des Mittelalters, keine gleichwertige akademische Stelle erhielt und an einem College lehrte.[255]

In den Jahren zwischen 1934 und 1937 verbrachte Salomon einen großen Teil seiner Zeit im Staatsarchiv Hamburg. Dort war er mit der Arbeit an den sogenannten „Acta Avinionensia", den Avignon-Akten, beschäftigt.[256] Er ordnete und edierte die Korrespondenzen, die von 1337 bis 1359 zwischen dem Hamburger Rat und seinen Vertretern an der Päpstlichen Kurie in Avignon geführt worden waren. Diese sehr anspruchsvolle und schwierige Arbeit war bereits von Johann Martin Lappenberg wie auch von Reincke selber in Angriff genommen worden, konnte aber von beiden nicht annährend beendet werden. So wurde Salomon beauftragt, der sich jedoch 1937 gezwungen sah, in die USA zu fliehen. Der Briefwechsel, der sich zu diesem Anlass zwischen Salomon und Reincke finden lässt, zeugt von beiderseitigem Bedauern. Salomon überreichte dem Staatsarchiv vor seiner Abreise noch mehrere Exemplare eines selbst gedruckten Arbeitsberichtes, der eine wertvolle Anleitung für zukünftige Bearbeiter der Akten darstellte.[257] Reincke befand sich nicht in Hamburg, als Salomons Abreise bevorstand. Nachdem er von Kellinghusen von der Überreichung des Arbeitsberichts informiert worden war[258], schrieb er persönlich aus seinem Urlaub an Salomon, um seine „aufrichtigsten Wün-

---

[253] Ebd., S. 167.

[254] Ebd., S. 171 und S. 175.

[255] Rainer Nicolaysen: Art. Salomon, Richard, in: Hamburgische Biografie. Personenlexikon, Bd. 2, hrsg. von Franklin Kopitzsch und Dirk Brietzke, Hamburg 2003, S. 358 f., hier: S. 358.

[256] Zur Geschichte der Akten und der Edition siehe: Richard Salomon: Aus den Avignon-Akten des Hamburgischen Staatsarchivs, in: ZHG 49/50 (1964), S. 29–40.

[257] Richard Salomon: Die Avignonesischen Akten des Hamburger Staatsarchivs. Ein Arbeitsbericht und eine Anleitung zur weiteren Bearbeitung, Hamburg 1937.

[258] Staatsarchiv Hamburg, 622-2/37 Hans Kellinghusen, Nr. 21 h: Brief von Hans Kellinghusen an Heinrich Reincke vom 23.7.1937.

sche“[259] für Salomons Wirken in den USA zu übermitteln und ihm seinen „lebhaftesten Dank aus[zu]sprechen für die entsagungsvolle Arbeit“, die Salomon geleistet hatte. Wenig verwunderlich wird dabei mit keinem Wort der Grund für Salomons Abreise erwähnt. Es werden die neuen, in der Realität nicht existierenden akademischen Tätigkeiten genannt, die in den USA auf Salomon warteten, und dass nun „eine jüngere Kraft“ die Arbeit Salomons zu Ende führen könne.

Nach dem Krieg schrieb Salomon 1947 an das Staatsarchiv und erkundigte sich nach den Avignon-Akten, die zu dieser Zeit mitsamt Salomons Aufzeichnungen als verschollen galten.[260] Er bot dem Staatsarchiv eines der letzten Exemplare seines Arbeitsberichtes an, dessen Übersendung jedoch nicht notwendig war, da das Staatsarchiv noch ein Exemplar in seiner Bibliothek überliefert hatte. 1952 stellte sich heraus, dass die Avignon-Akten aus ihrem Auslagerungsort in Sachsen-Anhalt nach Potsdam gebracht worden waren (vgl. Kapitel 5.2), von wo aus eine verfilmte Version über das Staatsarchiv an Salomon gelangte.[261] Ab 1962, auf Zureden des damaligen Direktors Jürgen Bolland, nahm Salomon seine Editionsarbeit von den USA aus wieder auf und kurz vor seinem Tod 1966 gelang ihm die Fertigstellung. Posthum wurde die Edition 1968 in zwei Bänden vom Staatsarchiv veröffentlicht.[262]

Warum Reincke Salomon im Februar 1934 überhaupt mit diesem außerordentlichen und wichtigen Editionsprojekt betraute, hat mehrere Gründe. Salomon war der Aufgabe zum einen gewachsen: Er war nicht nur Experte für osteuropäische Geschichte, sondern auch für Hilfswissenschaften.[263] Zum anderen war Reincke die Bearbeitung dieser Akten sehr wichtig. Es gibt kaum einen vergleichbaren Bestand an Originalakten des obersten kirchlichen Gerichtshofes aus so früher Zeit in solch einer Ausführlich-

[259] Hier und im Folgenden: Staatsarchiv Hamburg, 133-1 II Staatsarchiv II, Nr. 28: 13520/1937, Brief von Heinrich Reincke an Richard Salomon vom 3.9.1937.

[260] Staatsarchiv Hamburg, 133-1 II Staatsarchiv II, Nr. 28: 13520/1937, Schreiben von Richard Salomon an Hans Kellinghusen vom 23.2.1947.

[261] Salomon: Aus den Avignon-Akten, S. 31. Die Originale der Akten kehrten erst 1990 nach Hamburg zurück.

[262] Richard Salomon: Rat und Domkapitel von Hamburg um die Mitte des 14. Jahrhunderts. Teil 1: Die Korrespondenz zwischen dem Hamburger Rat und seinen Vertretern an der päpstlichen Kurie in Avignon 1337 bis 1359, Hamburg 1968, Vorbemerkung von Jürgen Bolland, S. V.

[263] Nicolaysen: Salomon, S. 163.

keit[264] und es lag Reincke daran, dass seine Arbeit fortgeführt und beendet wurde. Planungen sahen vor, die Avignon-Akten als Band III des Hamburgischen Urkundenbuches zu veröffentlichen.[265] Mit dem Band II war der Zeitraum bis 1330 abgedeckt, die Korrespondenz zu dem Rechtsstreit zwischen Rat und Domkapitel an der römischen Kurie erstreckte sich von 1337 bis 1359. Ein Band III sollte nicht ohne Berücksichtigung dieser einmaligen Schriftstücke der Avignon-Akten herausgegeben werden.[266]

Außerdem spielte wohl auch hier die Bekanntschaft der beiden eine Rolle. Reincke war im VHG tätig, in dem Salomon von 1916 bis zu seinem Ausschluss 1938 Mitglied war. Zudem lehrte Salomon zu dieser Zeit am Historischen Seminar der Universität, wo Reincke Vorlesungen hielt. Möller hatte sogar Anfang der 1930er Jahre Kurse in den historischen Hilfswissenschaften bei Salomon belegt. Ähnlich wie bei Lippmann werden sich Reincke und Salomon schon vor der „Machtergreifung" gekannt haben.

Salomon hielt das Verhältnis zu Reincke in guter Erinnerung. Schon in seinem Arbeitsbericht von 1937 dankte er Reincke, der ihm

> „in freundlichster Weise nicht nur seine gesamten persönlichen Sammlungen zur Verfügung gestellt und [ihm gestattet hat, Anm. d. Verf.], die im Archiv vorhandenen Abschriften Koppmanns sowie einige ältere Urkundenkopien von Laurents Hand in meinen Apparat zu übernehmen, sondern […] auch den in großen Teilen noch gänzlich ungeordneten Archivfonds selbst zu uneingeschränkter Bearbeitung und Neuordnung überlassen" hat.[267]

---

264 Salomon: Aus den Avignon-Akten, S. 29.

265 Band I des Hamburgischen Urkundenbuches wurde 1842 in geringer Auflage von Lappenberg herausgegeben und 1907 noch einmal neu verlegt. Band I deckt den Zeitraum von 786 bis 1300, Band II, 1939 von Hans Nirrnheim herausgegeben, fasst die edierten Urkunden bis 1336 zusammen. Bis heute sind insgesamt fünf Bände des Urkundenbuches mit Editionen der Urkunden bis 1350 erschienen, für die Folgezeit s.: Jeanine Marquard, Nico Nolden, Jürgen Sarnowsky: Hamburgs Gedächtnis. Die Threse des Hamburger Rates. Die Regesten der Urkunden im Staatsarchiv der Freien und Hansestadt Hamburg, Bd. I: 1350–1399, Hamburg 2014.

266 Das plante Reincke auch noch so bis mindestens 1941, vgl. Staatsarchiv Hamburg, 133-1 II Staatsarchiv II, Nr. 58: 6479/1941, Schreiben von Heinrich Reincke an Werner Carstens vom preußischen Staatsarchiv Kiel vom 10.6.1941; der letztendlich 1953 erschienene Band III des Hamburgischen Urkundenbuches stellt einen Ergänzungsband für den Band II dar.

267 Salomon: Arbeitsbericht, S. 1.

In einem Aufsatz in der ZHG von 1964, vier Jahre nach Reinckes Tod, schrieb er noch einmal, Reincke habe ihm „bereitwilligst Hilfe, dauernde Gastfreundschaft des Archivs und vollständige Verfügung über das Material einschließlich der Papiere Koppmanns und seiner eigenen"[268] gewährt.

Dieser anscheinend tadellose Umgang mit den Juden kann nicht über die Folgen der Arbeit der Archivare hinwegtäuschen. 1941 verließ der erste Deportationszug Hamburg in Richtung Łódź mit 1034 Menschen. Insgesamt wurden von Hamburg aus in 17 Deportationszügen 5848 Menschen deportiert, die meisten davon nach Theresienstadt.[269] Spätestens zu diesem Zeitpunkt war der Besitz eines Ariernachweises Voraussetzung für das Überleben. Verstärkt wurde im Zusammenhang mit den Deportationen von den zuständigen Stellen nun die Klärung von Zweifelsfällen gefordert und auch den Betroffenen war an Klärung gelegen mit der Hoffnung auf eine Entscheidung zu ihren Gunsten.[270] Eine Frau Gertrud Moller versuchte sich durch eine Rechtsanwaltskanzlei vergeblich für zwei Freundinnen aus der Familie Oppenheimer einzusetzen. „Sie wissen, dass die Angelegenheit insofern eilt, als die Frage, ob 2 oder 3 jüdische Grosselternteile in Betracht kommen, baldigst geklärt werden muss, damit eine Verschickung nicht in Betracht kommt"[271], so der Anwalt Mollers. Er spielt auf die Tatsache an, dass ein Mensch mit drei jüdischen Großelternteilen als „Volljude" galt, gab es nur zwei jüdische Großelternteile, war er „Mischling 1. Grades". Die meisten antisemitischen Gesetze trafen dann nicht mehr zu, wenngleich auch „Mischlinge" Opfer von Zwangsmaßnahmen wurden. „Mischlinge" entgingen jedoch der Deportation, auch wenn sie diese immer befürchten mussten.[272] Aus der Geschäftsakte ist das Ende des Falls

---

[268] Salomon: Aus den Avignon-Akten, S. 30.

[269] Hamburger jüdische Opfer des Nationalsozialismus. Gedenkbuch, bearbeitet von Jürgen Sielemann (Veröffentlichungen aus dem Staatsarchiv der Freien und Hansestadt Hamburg, 15), Hamburg 1995, S. XIX.

[270] Beispielsweise: Staatsarchiv Hamburg, 133-1 II Staatsarchiv II, Nr.64: 107/1943, Schreiben von Walter Schüler, Anwalt jüdischer Herkunft, an das Staatsarchiv vom 1.2.1943, der noch einmal die uneheliche Herkunft einer Gertrud Carla Cohn nachprüfen soll.

[271] Staatsarchiv Hamburg, 133-1 II Staatsarchiv II, Nr. 59: 13149/1941, Brief von Rechtsanwalt Siemers an das Staatsarchiv vom 26.11.1941.

[272] Beate Meyer: „Jüdische Mischlinge". Rassenpolitik und Verfolgungserfahrung 1933–1945, Hamburg 1999, S. 17.

Oppenheimer nicht ersichtlich. Erst ein Blick in das Gedenkbuch, das die bis zum Jahr 1995 bekannten Namen der deportierten und ermordeten Juden auflistet, gibt Gewissheit, dass die beiden betreffenden Frauen anscheinend drei jüdische Großelternteile hatten. Beide sind am 15. Juli 1942 in dem letzten großen Deportationszug aus Hamburg nach Theresienstadt deportiert und dort ermordet worden.[273]

3.3.2 Umgang mit jüdischen Anträgen

Es drängt sich die Frage auf, wie die Mitarbeiter des Staatsarchivs Hamburg nun mit dieser Verantwortung umgegangen sind. Waren Sie sich ihrer Verantwortung überhaupt bewusst? Anhand der herangezogenen Quellen ergibt sich der Eindruck, dass für die Archivare immer die möglichst fehlerfreie Erledigung der Arbeit im Vordergrund stand. So wurde versucht, unbeabsichtigten Fehlern zuvorzukommen. Bei Fragen und Zweifelsfällen konnte sich das Staatsarchiv immer an den SfR bzw. die RfS wenden. Hervorgegangen war die RfS aus dem Amt des SfR unter Achim Gercke. Die RfS war unter dem seit 1935 amtierenden Leiter Kurt Mayer dem Ministerium des Innern unterstellt und für die endgültige Entscheidung über die arische Abstammung zuständig. 1940 erfuhr sie eine weitere Umbenennung in Reichssippenamt (RSA).[274] Kellinghusen schrieb in seinem Aufsatz schon 1935, dass die Verbindung zu dem SfR sehr gut sei.[275] Insgesamt wurden zahlreiche wichtige Korrespondenzen zwischen RfS einerseits und Kellinghusen und Reincke andererseits geführt. Diese Tatsache wurde auch außerhalb des Archivs von Reinckes oberstem Vorgesetzten zur Kenntnis genommen. Normalerweise galt, dass Schriftwechsel mit Reichsbehörden dem Staatsamt vorzulegen waren. Kaufmann persönlich nahm das Staatsarchiv von dieser Verpflichtung aus und gestand den Archivaren zu, dass sie den Schriftverkehr selbstständig führen dürf-

[273] Caroline Henriette Oppenheimer, geb. 19.7.1872, starb am 4.8.1942 in Theresienstadt, Margaret Mathilde Oppenheimer, geb. 4.3.1874, starb am 12.3.1944 in Theresienstadt, vgl. Gedenkbuch, S. 317.

[274] Schulle: Reichssippenamt, S. 163, vgl. zeitgenössisch auch: W[ilhelm] K[arl] Prinz von Isenburg: Sippen- und Familienforschung (Studienführer I, 20), Heidelberg 1943, S. 60 f.

[275] Kellinghusen: Personenforschung, S. 9.

ten, sofern es sich um Schriftverkehr in Abstammungsfragen mit der RfS oder mit dem Rasse- und Siedlungshauptamt SS (RuSHA) handele.[276] Das RuSHA war aus dem bereits 1931 gegründeten Rasseamt der SS hervorgegangen und wurde im Januar 1935 zu einem SS-Hauptamt. Es unterstand dem Reichsführer-SS, Heinrich Himmler, und war für die „rassische Reinheit" des Volkes zuständig.[277]

Beide Stellen, die RfS und das RuSHA, führten sogenannte Judenkarteien. Ziel war es, reichsweit alle Menschen jüdischer Abstammung dort zu verzeichnen. Kellinghusen half dabei freiwillig und auf eigene Initiative mit. Er schickte der RfS beispielsweise den Stammbaum der Familie L'Arronge auf neun handschriftlichen Seiten.[278] Eine besondere Vorliebe hatte Kellinghusen dabei für bekannte Personen und deren Abstammungen. So machte er, wiederum auf eigene Initiative, die RfS auf die jüdische Vergangenheit des preußischen und türkischen Marschalls Otto Liman von Sanders aufmerksam[279] und dem RuSHA übersandte er die Ahnentafel des Afrikaforschers Hans Hermann Schomburgk, eines „Mischling 1. Grades"[280].

Dieser Eifer beschränkte sich jedoch nicht auf reichsweit wichtige Stellen. Als das Standesamt Bochum für die Vervollständigung seiner Sippenkartei nach der Familie Sillem fragte, machte Kellinghusen nicht nur auf den „jüdischen Einschlag" in dieser Familie aufmerksam, sondern verwies auch auf die Familien Amsinck und Willink, deren jüdische Wurzeln im Deutschen Geschlechterbuch vermerkt seien.[281]

---

[276] Staatsarchiv Hamburg, 133-1 II Staatsarchiv II, Nr. 22: 18348/1936, Schreiben von Karl Kaufmann an Hans Kellinghusen vom 10.10.1936.

[277] Dazu weiterführend v. a.: Isabel Heinemann: „Rasse, Siedlung, deutsches Blut". Das Rasse- und Siedlungshauptamt der SS und die rassenpolitische Neuordnung Europas (Moderne Zeit, 2), Göttingen 2003.

[278] Staatsarchiv Hamburg, 133-1 II Staatsarchiv II, Nr. 26: 7966/1937, Stammtafel der Familie L' Arronge vom April 1937 (Entwurf), die Reinschrift ist, wie in der Mehrzahl der Akten, nicht enthalten.

[279] Staatsarchiv Hamburg, 133-1 II Staatsarchiv II, Nr. 22: 15863/1936, Schreiben von Hans Kellinghusen an die RfS vom 11.8.1936.

[280] Staatsarchiv Hamburg, 133-1 II Staatsarchiv II, Nr. 43: 10331/1939, Schreiben von Hans Kellinghusen an SS-Hauptsturmführer Dr. Krüger im RuSHA vom 12.5.1939.

[281] Staatsarchiv Hamburg, 133-1 II Staatsarchiv II, Nr. 20: 11463/1936, Schreiben von Hans Kellinghusen an das Standesamt Bochum vom 25.5.1936.

Doch vor allem die Gaupersonalämter hatten ein Interesse daran festzustellen, wo sich Juden aufhielten und gegebenenfalls versteckten. 1938 verlangte das Gaupersonalamt Hamburg vom Staatsarchiv Hannover, alle Fälle zu melden, in denen ein Ariernachweis zur Feststellung von „fremdrassige[m] oder farbige[m] Bluteinschlag" oder die Zugehörigkeit zur „mosaischen Religionsgemeinschaft" festgestellt wurde.[282] Das Staatsarchiv Hannover wandte sich hilfesuchend an das Hamburger Archiv, wie die Angelegenheit dort geregelt sei. Aus Hannover habe man dem Gaupersonalamt Hamburg antworten müssen, dass solch eine Meldung nicht möglich sei, da über diese Fälle keine Aufzeichnungen geführt worden seien.

Im Hamburger Archiv war anders verfahren worden. Auch dort fragte das Gaupersonalamt Hamburg an, ob die Namen der Antragsteller aus den Jahren 1932 bis 1937 weiter gegeben werden könnten, deren jüdische Abstammung sich herausgestellt habe. Reincke erklärte daraufhin, dass „zu [s]einem Bedauern" er einer Übermittlung der Namen von 1932 bis 1937 nicht nachkommen könne, da Kellinghusen „erst im Juni 1936 angefangen [hat], sich die Fälle zu notieren, bei denen jüdische Abstammungen festgestellt wurden".[283] In der Antwort an das Staatsarchiv Hannover wird diese Tatsache positiv dargestellt: Reincke antwortete dorthin, dass in Hamburg die Fälle der Feststellung von „jüdischem Bluteinschlag" schon „seit längerer Zeit listenmäßig festgehalten" würden. Weiter führt er aus: „Diese Liste ist jetzt der Hauptstelle Sippenforschung im Gau-Personalamt der NSDAP in Hamburg mitgeteilt worden, wie ein Gleiches bereits vor einiger Zeit gegenüber der Hauptstelle in Berlin hinsichtlich der entsprechenden Berliner Fälle geschehen ist."[284] Nicht nur, dass im Staatsarchiv Hamburg, anders als in anderen Archiven, Listen über die „gefundenen" Juden und andere „Fremdrassige" erstellt wurden, die Archivare gaben sie auch an andere Stellen weiter.

---

[282] Staatsarchiv Hamburg, 133-1 II Staatsarchiv II, Nr. 30: 2602/1938, Schreiben von Georg Schnath, Direktor des Preußischen Staatsarchivs Hannover, an das Staatsarchiv Hamburg vom 4.2.1938.

[283] Staatsarchiv Hamburg, 133-1 II Staatsarchiv II, Nr. 54: 7406/1940, Schreiben von Heinrich Reincke an das Gaupersonalamt Hamburg vom 28.1.1938.

[284] Staatsarchiv Hamburg, 133-1 II Staatsarchiv II, Nr. 30: 2602/1938, Schreiben von Heinrich Reincke an Georg Schnath vom 8.2.1938.

Kellinghusen erklärte 1936 einem Kollegen, die Ariernachweise würden von „den Beamten des gehobenen mittleren Verwaltungsdienstes" eigenständig erledigt: „Ausgenommen sind die Fälle, in denen nichtarische Abstammung festgestellt oder vermutet wird. Diese Fälle sind mir zur Prüfung der Erforderlichkeit der Mitteilung an staatliche oder Parteidienststellen und zur Führung einer Statistik vorzulegen."[285]

Die Mitteilung einiger Fälle ist in den Geschäftsakten dokumentiert. Es finden sich Korrespondenzen mit den Gaupersonalämtern Berlin, Hamburg, Wien, Kiel und Oldenburg. Dabei sahen die Mitteilungen so aus, dass Kellinghusen – und die überlieferten Schreiben stammen ausschließlich von ihm – in unregelmäßigen Abständen die Gaupersonalämter über die dort ansässigen Juden bzw. über die jüdischen Vorfahren von dort Ansässigen informierte. Er nannte den vollen Namen, die Adresse und den Grund, warum der Betreffende im Verdacht stand, jüdischer Herkunft zu sein. Dabei reichte es, wenn jemand die Urkunden eines Juden beantragte, ohne dass eine direkte Abstammung sicher war.[286] Die Schreiben an die Gaupersonalämter gingen oft mit einem Durchschlag an das RuSHA.

Die von Reincke gegenüber dem Staatsarchiv Hannover erwähnte Übermittlung der Berliner Fälle an das Gaupersonalamt Berlin ist nahezu vollständig überliefert. Die Korrespondenz beginnt im Dezember 1937 mit einem Schreiben von Seiten des Gaupersonalamts Berlin. Schon von anderen Dienststellen werde gemeldet, wenn die angeforderten Urkunden „artfremden" oder jüdischen Einschlag aufwiesen und die Antragsteller in Berlin wohnten. Diese Angaben würden Namen, Anschrift und genealogische Angaben beinhalten. „Auf diese Weise wird sichergestellt, daß jemand, der der Partei oder einer ihrer Gliederungen angehört, den artfremden oder jüdischen Einschlag nicht verheimlicht. In Erwartung Ihrer zusagenden Antwort […]."[287] Dies ist in den Geschäftsakten die erste überlieferte Anfrage, die Angaben von jüdischen Antragstellern weiterzugeben.

---

[285] Staatsarchiv Hamburg, 133-1 II Staatsarchiv II, Nr. 23: 19340/1936, Schreiben von Hans Kellinghusen an Franz Josef Knöpfler vom 7.10.1936.

[286] Staatsarchiv Hamburg, 133-1 II Staatsarchiv II, Nr. 42: 96/1939, Schreiben von Hans Kellinghusen an das Gaupersonalamt Wien vom 6.1.1939: „1. Dr. Wilhelm von Roessler, Wien XII, Rosenhügelstraße 1, hat die Geburtsurkunde des angeblich am 18. Juni 1810 in Hamburg geborenen Karl Gustav Adolf Heine, eines Bruders des Dichters Heinrich Heine beantragt. Ob er Nachkomme dieser Juden ist, lässt sich aus seinem Antrag nicht ersehen."

Kellinghusen antwortete darauf nur fünf Tage später:

„Im Staatsarchiv wird schon seit 1933, sobald eine artfremde oder jüdische Abstammung festgestellt wird, den in Frage kommenden Dienststellen des Staats oder der Partei Mitteilung gemacht. Zu dem Zwecke wird bei mündlichen Anträgen regelmäßig die Frage gestellt, welcher Stelle der Nachweis zu erbringen ist. Bei schriftlichen Anfragen ist das natürlich oft nicht zu ersehen. Immerhin wird in verdächtigen Fällen auch jetzt schon vor der Auskunftserteilung angefragt, welcher Dienststelle der Nachweis zu erbringen ist. Wir sind gern bereit, darüber hinaus in jedem Falle, wenn der Antragsteller in Berlin wohnhaft ist und artfremder oder jüdischer Einschlag festgestellt wird, dem Gaupersonalamt Mitteilung zu machen.

Nach meinen 1936 begonnenen Notizen kommen bisher folgende Fälle in Frage: 1. Trude Hesterberg, 1936 Berlin Charlottenburg 9, Reichsstraße 46, abstammend von dem jüdischen Zahnarzt Martin Salomon Fürth, geboren 1744. Über diese Abstammung ist am 27. Oktober d. J. dem Kreisgericht I des Gaues Berlin Mitteilung gemacht."[288]

[287] Staatsarchiv Hamburg, 133-1 II Staatsarchiv II, Nr. 53: 4184/1940, Schreiben von Dresler vom NSDAP Gaupersonalamt Berlin an das Staatsarchiv vom 2.12.1937.

[288] Staatsarchiv Hamburg, 133-1 II Staatsarchiv II, Nr. 53: 4184/1940, Schreiben von Hans Kellinghusen an Dresler vom 7.12.1937.

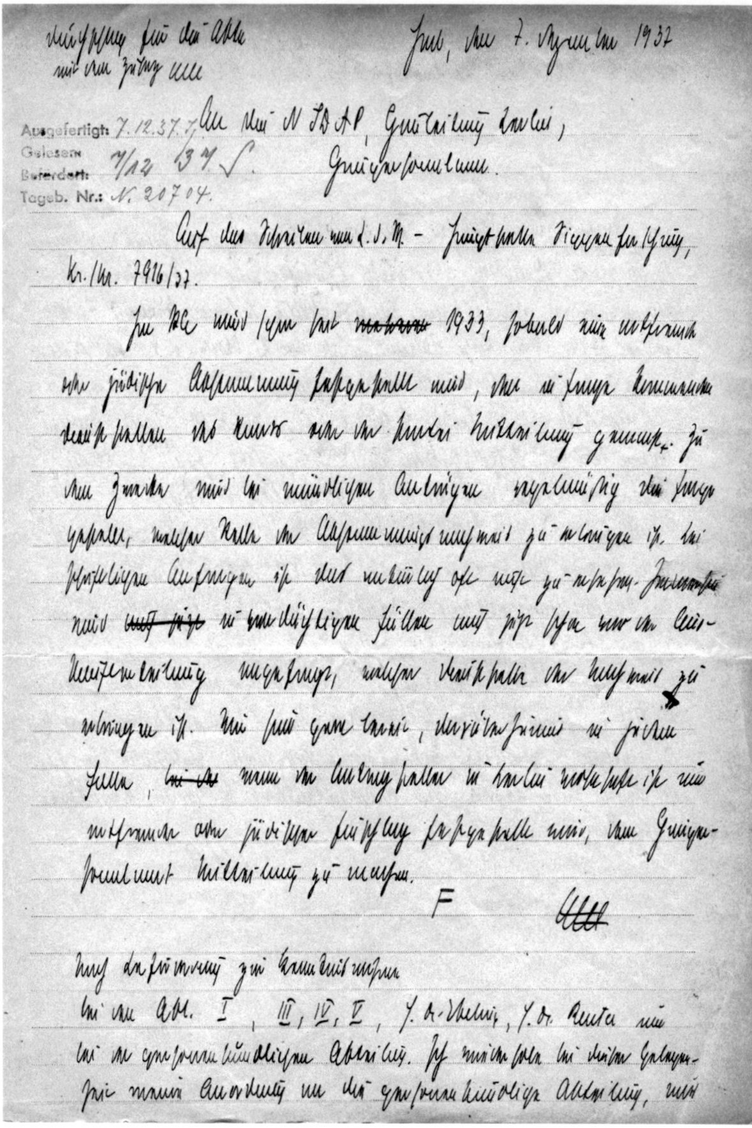

Abb. 6: Entwurf des Schreibens von Hans Kellinghusen
an das Gaupersonalamt Berlin vom 7. Dezember 1937

Diese Abstammung hätte sogar für die Ausstellung eines großen Ariernachweises gereicht, da selbst dieser nicht die Verwandtschaft bis vor 1750 forderte. Die Erklärung für die so weit zurückreichende Ahnenforschung liegt auch hier wieder in Kellinghusens Vorliebe für berühmte Personen begründet: Trude Hesterberg war eine Schauspielerin, Sängerin und Kabarettistin.[289] Auf dem Entwurf des Schreibens verfügte Kellinghusen zur Kenntnisnahme der Abteilungsleiter sowie aller Mitarbeiter der personenkundlichen Abteilung: „Ich wiederhole bei der Gelegenheit meine Anordnung an die personenkundliche Abteilung, mir von jeder Feststellung artfremder oder jüdischer Abstammung Kenntnis zu geben."[290] Die Paraphen der Mitarbeiter sowie von Reincke, Möller und von Lehe als Abteilungsleiter zeigen, dass keiner vorgeben kann, von diesen Vorgängen nichts gewusst zu haben.

Die Korrespondenz mit dem Gaupersonalamt Berlin wurde von 1937 bis 1944 geführt. Selbst im Zweiten Weltkrieg, als dringliche Aufgaben wie die Luftschutzmaßnahmen mit nur einem Drittel des Personalbestandes durchgeführt werden mussten, hielt Kellinghusen diesen Briefwechsel aufrecht, wenn auch nicht im selben Umfang wie vor dem Krieg, was auch der sinkenden Zahl der Anträge und damit an Berliner Antragstellern geschuldet ist. Insgesamt wurden den überlieferten Briefen zufolge 75 Namen von Kellinghusen an das Gaupersonalamt Berlin gegeben und 223 Namen an das Gaupersonalamt Hamburg.

Die an das Gaupersonalamt Berlin übermittelten Namen fanden dort auch Verwendung. Noch vier Jahre nach einem Schreiben aus dem Hamburger Archiv wird aus Berlin um eine Urkunde zur Bestätigung der 1938 übersandten Angaben gebeten.[291]

---

[289] Weitere Beispiele für Kellinghusens Vorliebe für bekannte Personen, die selber oder deren Vor- und Nachfahren in den Briefwechseln erwähnt werden: Pianist Emil von Sauer (Staatsarchiv Hamburg, 133-1 II Staatsarchiv II, Nr. 53: 4184/1940, Schreiben von Hans Kellinghusen an das Gauspersonalamt Berlin vom 15.4.1942), Bürgermeister Nicolaus Ferdinand Haller (Staatsarchiv Hamburg, 133-1 II Staatsarchiv II, Nr. 54: 7406/1940, Schreiben von Heinrich Reincke an das Gaupersonalamt Hamburg vom 21.1.1938) und wie bereits erwähnt: Hans Hermann Schomburgk und Marschall Otto Liman von Sanders.

[290] Staatsarchiv Hamburg, 133-1 II Staatsarchiv II, Nr. 53: 4184/1940, Vermerk von Hans Kellinghusen auf dem Entwurf des Schreibens an Dresler vom 7.12.1937.

Die Initiative zur Korrespondenz mit den Gaupersonalämtern ging dabei in mindestens einem Fall von Kellinghusen selber aus. An das Staatsarchiv Oldenburg schrieb er 1940: „In der Annahme, daß es wie bei anderen Gaupersonalämtern auch dort erwünscht sein wird, über die festgestellte jüdische Abstammung von Personen, die im dortigen Bezirk wohnhaft sind, unterrichtet zu sein, teile ich folgendes mit: […]"[292], woraufhin acht Namen, Adressen und Verdachtsmomente folgten. Es fällt vor allem die Benutzung des Pronomens „Ich" auf. Kellinghusen schreibt nicht, wie im Stil der preußischen Verwaltung üblich, im Namen des Staatsarchivs, sondern in seinem eigenen Namen. Dass Reincke jedoch als Direktor davon gewusst hat, ist unbestreitbar.

Kellinghusen führte die Listen über die gefundenen jüdischen Abstammungen, wie er angibt, „erst" seit 1936. Bei der Eintragung der Zwangsnamen Sara bzw. Israel versuchte er aus seinen „Fehlern" zu lernen und es wurde gleich zu Beginn der Anträge eine Sammelmappe Sara und eine Sammelmappe Israel angelegt.[293]

Ariernachweise und die Eintragung der Zwangsnamen waren eng miteinander verknüpft: Wer keinen Ariernachweis erbringen konnte, da er jüdische Vorfahren hatte, musste den zusätzlichen Namen in die Register eintragen lassen. Auch Kellinghusen war sich dieser Verbindung bewusst. So meldete er dem Polizeipräsidenten im Februar 1939, mehr als einen Monat, nachdem die Eintragung der Zwangsnamen zur Pflicht geworden war, eine 1869 geborene Frau habe Urkunden beantragt und sei, „soweit sich ersehen läßt, Jüdin". Weiter führte er aus: „Eine Anzeige wegen Annahme des zusätzlichen Vornamens Sara ist von ihr bisher nicht gemacht worden."[294] Kellinghusen gab damit nicht nur die Information weiter, dass

---

[291] Staatsarchiv Hamburg, 133-1 II Staatsarchiv II, Nr. 53: 4184/1940, Schreiben vom Gaupersonalamt Berlin an Hans Kellinghusen vom 18.11.1942.

[292] Staatsarchiv Hamburg, 133-1 II Staatsarchiv II, Nr. 54: 7448/1940, Schreiben von Hans Kellinghusen an die Gauleitung Weser-Ems, Gaupersonalamt Oldenburg vom 8.7.1940.

[293] Diese Mappen sind nicht mehr vorhanden, ihre Existenz lässt sich durch die Verfügungen Kellinghusens nachweisen, dass die entsprechenden Vorgänge in die „SA Sara" oder „SA Israel" zu legen seien, wobei SA für Sammelakte steht, vgl. Staatsarchiv Hamburg, 133-1 II Staatsarchiv II, Nr. 34: 23274/1938, Verfügung von Hans Kellinghusen vom 24.8.1938.

[294] Staatsarchiv Hamburg, 133-1 II Staatsarchiv II, Nr. 43: 8838/1939, Schreiben von Hans Kellinghusen an den Polizeipräsidenten vom 18.2.1939.

diese Frau eine Jüdin war, sondern machte die offiziellen Stellen darauf aufmerksam, dass sie gegen das Gesetz verstieß und noch nicht als Jüdin registriert war.

Es bleibt noch die Frage danach, ob im Hamburger Archiv wissentlich falsche Ariernachweise ausgestellt wurden, um Menschen zu retten. Es wäre beispielsweise möglich gewesen, das Auffinden belastender Informationen zu verschweigen und damit die Verwandtschaft mit einem jüdischen Vorfahr zu verdecken. Wäre dies geschehen, hätten diese Vorgänge im Geheimen stattfinden müssen, und es würde keine Aufzeichnungen darüber geben, vor allem nicht in den offiziell geführten Geschäftsakten. Es hätte dann auch auf der Ebene der hier nicht untersuchten mittleren und unteren Beamtenschicht stattgefunden – aus der Aktenlage ergibt sich der Eindruck, dass die wissenschaftlichen Archivare ihre Arbeit so pflichtgetreu ausgeführt haben, dass sie dies nicht getan hätten. Dadurch, dass die Mitarbeiter des Archivs jüdische Abstammungen an Kellinghusen melden mussten und von Kellinghusen kontrolliert wurden, erscheint es jedoch sehr unwahrscheinlich, dass Menschen durch die Ausstellung gefälschter Ariernachweise im Staatsarchiv gerettet wurden.

Bis zu seinem Tod wurde Kellinghusen gelobt für die Arbeit an „seiner" Stammtafelsammlung. Er wurde als „versierter Genealoge" bezeichnet und als „Altmeister der hamburgischen Familien- und Personenforschung" betitelt.[295] Die Frage nach der Motivation für seine gründliche Arbeit, die dazu führte, dass Menschen deportiert und ermordet wurden, bleibt letztendlich unbeantwortet. Ob er wirklich ein überzeugter Antisemit war oder vorrangig seine Arbeit sehr gewissenhaft erledigt wissen wollte, lässt sich anhand der Geschäftsakten nicht beantworten. Es fehlen die Quellen, um einen Einblick in seine persönliche Gedankenwelt zu erlangen. In einem Tätigkeitsbericht aus der Nachkriegszeit berichtete er der Senatskanzlei: „[I]n der personenkundlichen Abteilung läuft das familiengeschichtliche Interesse wieder an, zum Teil allerdings mit umgekehrtem Vorzeichen: fast täglich gehen Anträge von Personen ein, die ihre jüdische Abstammung nachweisen wollen."[296] Ein saloppes „mit umgekehrten Vor-

[295] [Ohne Verfasser]: Auszeichnung.

[296] Staatsarchiv Hamburg, 131-1 II Senatskanzlei – Gesamtregistratur II, Nr. 766: Tätigkeitsbericht vom 7.6.1946 [erstellt von Hans Kellinghusen], Bl. 15.

zeichen“ ist alles, womit er die veränderte Situation in diesem Bericht kommentierte. Angesichts der Folgen, die Kellinghusens Arbeit und seine Eigeninitiative hatten, mutet der Nachruf auf ihn geradezu zynisch an. Dort bescheinigte ihm sein Kollege von Lehe: „Die Zuverlässigkeit seiner Notizen hat sich tausendfach erwiesen.“[297]

[297] Von Lehe: Nachruf, S. 458.

4. Übernahme von Archivgut

Neben der Erstellung der Ariernachweise ging die normale Arbeit im Archiv in äußerst eingeschränktem Maße weiter. Während der gesamten Zeit des Nationalsozialismus bis zum Ende des Zweiten Weltkriegs kam es stetig, wenn auch nicht immer im gleichen Umfang, zu einem Zuwachs der Bestände.

Mitte 1938 hatte das Staatsarchiv einen Bestand von ca. 20000 m Archivgut[298]. Darunter befanden sich rund 5000 Urkunden, 60 m Kirchenbücher und 53 m Zivilstandsregister. Dazu kamen 170 m Findbücher und Karteien.[299] Jährlich erfolgte ein Zuwachs von durchschnittlich ca. 230 m Archivgut.[300]

Einen außerplanmäßigen Zuwachs an Akten hatte das Staatsarchiv durch die Gebietserweiterungen im Zuge des Groß-Hamburg-Gesetzes erfahren. Damit die Verwaltung der neu zu Hamburg gekommenen Gebiete funktionieren konnte, war das Übersenden von den laufenden Verwaltungsakten aus den ehemals preußischen Behörden an die nun zuständigen hamburgischen Behörden notwendig. Das Staatsarchiv Hamburg bot daraufhin an, diejenigen Akten zu übernehmen, an denen die Behörden kein Interesse hatten, die also nicht unmittelbar für die Verwaltung benötigt wurden, die aber nach Hamburg gehörten.[301] Die Begründung für eine Ergänzung im Haushaltsplan für 1938 von Reincke an die Finanzbehörde lautet dementsprechend: „Die Eingliederung der neu zu Hamburg kommenden Gebiete wird sich für das Staatsarchiv vornehmlich in einem Zustrom gewaltiger Aktenmassen auswirken. Hat doch zum Beispiel allein die Re-

---

298 Die Größe der Hamburger Archivbestände wird in Regalmetern stehendes Papier angegeben.

299 Staatsarchiv Hamburg, 133-1 II Staatsarchiv II, Nr. 33: 11998/1938, von Erich von Lehe auf Bitte des Direktors des Reichsarchivs Ernst Zipfel ausgefüllter Fragebogen vom 10.9.1938.

300 Vgl. Jahres- und Geschäftsberichte, inkl. erfolgte Berichterstattung der Magazinverwaltung, in den Geschäftsakten, für jeden Jahrgang jeweils mit der laufenden Nummer 18, z. B. Staatsarchiv Hamburg, 133-1 II Staatsarchiv II, Nr. 13: 18/1935.

301 Dietrich Kausche: Das Groß-Hamburg-Gesetz und das Staatsarchiv Hamburg, in: Beiträge zur Geschichte des Staatsarchivs der Freien und Hansestadt Hamburg (Veröffentlichungen aus dem Staatsarchiv der Freien und Hansestadt Hamburg, 5), Hamburg 1960, S. 133–152, hier: S. 140.

gierung in Lüneburg einen vollen Möbelwagen Akten angekündigt."[302] Außerdem erwartete er gerade von den Gerichten „umfangreiche und wertvolle Ablieferungen". Denn obwohl die Gemeindegrenzen durch das Groß-Hamburg-Gesetz nicht verändert worden waren, nur die Zugehörigkeit der Gemeinden, waren doch der Aufbau der preußischen Landkreise und die Gerichtsbezirke betroffen.[303] Zudem wurde mit dem preußischen Staatsarchiv Kiel ein Austausch von Archivalien begonnen, die gemäß dem Provenienzprinzip in das jeweils andere Archiv gehörten.[304]

Dieser Austausch der Akten im Zuge des Groß-Hamburg-Gesetzes verlief reibungslos. Kennzeichnend für das Archivwesen in den 1930er Jahren ist jedoch ein Bangen um Zuständigkeiten. Zum einen bekamen sie Konkurrenz von anderen Institutionen. Mit dem Aufkommen der Ariernachweise und dem damit verbundenen Interesse verschiedenster Stellen an den Personenstandsregistern wurde die Umwandlung der Standesämter in Sippenämter geplant.[305] Dort sollten die Personenstandsregister, Kirchenbücher und weiteres Quellenmaterial wie Personalakten gebündelt vorhanden sein.[306] Die Archive befürchteten, dass sie ihre „Herrschaft" über diese wichtigen Quellen einbüßen müssten.[307] Schließlich sei die Bedeutung der Archive durch die Ausstellung der Ariernachweise „in ungeahntem Ausmaße gewachsen"[308], so Brackmann auf dem Deutschen Archivtag von 1934. Dies lasse sich unter anderem an den wachsenden Nutzerzahlen sehen. Zudem kam den Ariernachweisen eine hohe Bedeutung in der NS-Ideologie zu, entsprechend wuchs auch die Bedeutung der Stellen, die bei der Ausstellung der Nachweise halfen. Letztendlich waren die Bedenken

---

302 Staatsarchiv Hamburg, 133-1 II Staatsarchiv II, Nr. 18: 12/1936, Schreiben von Heinrich Reincke an die Finanzbehörde vom 21.4.1937.

303 Kausche: Groß-Hamburg-Gesetz, S. 135.

304 Ebd., S. 151; Staatsarchiv Hamburg, 133-1 II Staatsarchiv II, Nr. 26: 9740/1937.

305 Schulle: Reichssippenamt, S. 273.

306 Ebd., S. 258.

307 Staatsarchiv Hamburg, 133-1 II Staatsarchiv II, Nr. 11: 9299/1934, Brief von dem Direktor des Frankfurter Stadtarchivs Dr. Otto Ruppersberg an Heinrich Reincke vom 2.7.1934, sowie Weiser: Preußische Archivverwaltung, S. 152.

308 Staatsarchiv Hamburg, 131-6 Staatsamt, Nr. 14: Bericht von Heinrich Reincke über den 25. Deutschen Archivtag in Wiesbaden vom 28.9.1934.

jedoch verfrüht, da eine Umsetzung dieser Pläne und die Umwandlung der Standes- in Sippenämter 1939 scheiterte.[309]

Auch zwischen den Archiven gab es Konkurrenzen. Das Reichsarchiv bemühte sich, Akten zur Kolonialgeschichte von Hamburger Firmen zu erlangen. Dieses Aktenmaterial gehörte aber nach dem Provenienzprinzip in das Hamburger Archiv. Reincke wandte sich empört an den Direktor des Reichsarchivs, Ernst Zipfel, dass dies sicher ohne dessen Wissen geschehen sei: „Denn es entspricht ja den vom Reichsarchiv in dankenswertester Weise bisher gehandhabten und allgemein anerkannten archivalischen Grundsätzen, Archivgut dort zu belassen, wo es erwachsen ist."[310] Zipfel hatte aber durchaus davon gewusst und beharrte darauf, dass er die Akten zur Kolonialgeschichte besonders gesichert sehen wolle und das Reichsarchiv einen Anspruch auf Akten „reichsgeschichtlich wichtiger Körperschaften"[311] habe.

Zudem entstanden 1934 das Hauptarchiv der NSDAP in München und 1937 die Heeresarchive in Konkurrenz zu den Staatsarchiven. Das Reichsarchiv hatte mit der Bildung der Heeresarchive zu hadern[312], ein unmittelbarer Eingriff in die Übernahmepraxis des Hamburger Staatsarchivs bestand nicht. Jedoch musste es den Forderungen der NSDAP gerecht werden. Das Hauptarchiv der NSDAP forderte unter anderem auch das Hamburger Archiv auf, geschichtliches Material abzuliefern, nämlich Schriftgut aus der Sammlung zur „Kampfzeit der nationalsozialistischen Bewegung".[313] Wie viele Archivalien daraufhin nach München überführt wurden, ist anhand der herangezogenen Quellen nicht ersichtlich, genauso wenig, ob es sich nur um eine Leihgabe an das Hauptarchiv handelte. Nach dem Krieg bemühte sich Kellinghusen diese Akten zurückzuerlangen, sie

---

309 Schulle: Reichssippenamt, S. 272 f.

310 Staatsarchiv Hamburg, 133-1 II Staatsarchiv II, Nr. 43: 4890/1939, Schreiben von Heinrich Reincke an Ernst Zipfel vom 3.3.1939.

311 Staatsarchiv Hamburg, 133-1 II Staatsarchiv II, Nr. 43: 4890/1939, Schreiben von Ernst Zipfel an Heinrich Reincke vom 13.3.1939.

312 Herrmann: Reichsarchiv, S. 326–337.

313 Staatsarchiv Hamburg, 133-1 II Staatsarchiv II, Nr. 29: 19368/1937, Schreiben der Gestapo Hamburg an das Staatsarchiv vom 14.11.1937. Dazu auch: Musial: Staatsarchive, S. 61 f.; Robert Kretzschmar: Überlieferungsbildung im Nationalsozialismus und in der unmittelbaren Nachkriegszeit, in: Das deutsche Archivwesen und der Nationalsozialismus. 75. Deutscher Archivtag 2005 in Stuttgart, Redaktion: Robert Kretzschmar (Tagungsdokumentation zum deutschen Archivtag, 10), Essen 2007, S. 34–44, hier: S. 39 f.

waren aber entweder durch den Krieg oder durch die systematische Vernichtung in den letzten Kriegstagen zerstört worden.[314]

Das Anlegen dieser Sammlung war in einem Runderlass des Reichsinnenministers vom 4. September 1936 gefordert worden.[315] Sammlungen werden von Archiven über ihre Zuständigkeiten und normalen Bewertungsverfahren hinaus angelegt, wie dies beispielsweise bei der Sammlung von Zeitungen oder, wie im Hamburger Archiv, bei der früher geführten Zeitungsausschnittssammlung der Fall ist. Es kann das Pertinenzprinzip angewandt werden, das heißt, einzelne Stücke werden nach Themengebieten zusammengefasst. Die fortgeführte Sammlung zur „Kampfzeit der nationalsozialistischen Bewegung" wurde im Staatsarchiv Hamburg 1954 aufgelöst, da „ein Zuwachs nicht zu erwarten" war und die Zusammenstellung zeitbedingt und einseitig gewesen sei.[316]

Eine weitere Sammlung wurde auf Geheiß des Reichsstatthalters 1939 angelegt. Hier sollte Material zu den geplanten Führerbauten und der geplanten Elbhochbrücke gesammelt werden. Reincke schrieb daraufhin an die Bauverwaltung mit der Bitte um Auszüge aus Tagebüchern oder sonstigen Aufzeichnungen und erbat auch von dem Hafenkapitän, der Hitler im Juni 1939 auf einer Besichtigungstour begleitet hatte, einen Bericht.[317] Damit entsprach er dem Auftrag Kaufmanns, die geplanten Bauten „in ihrer ideelichen Entwicklung und ihrem zeitlichen Ablauf möglichst genau zu ermitteln und festzuhalten".[318] Nach Beginn des Zweiten Weltkriegs wurde, anscheinend auf Initiative der Archivare, die Sammlung von Dokumenten des Krieges forciert.[319] Explizit dafür wurden im Laufe des Krieges Dokumente

---

314 Staatsarchiv Hamburg, 133-1 II Staatsarchiv II, Nr. 29: 19368/1937, Korrespondenz von Hans Kellinghusen mit verschiedenen Archiven zwischen 1948 und 1950.

315 Staatsarchiv Hamburg, 133-1 II Staatsarchiv II, Nr. 22: 17800/1936, Runderlass des Reichsinnenministers vom 4.9.1936. Vgl. zu den preußischen Staatsarchiven Weiser: Preußische Archivverwaltung, S. 152.

316 Staatsarchiv Hamburg, 133-1 II Staatsarchiv II, Nr. 22: 17800/1936 Aktenvermerk von Petersen von 1954, [genaues Datum unleserlich].

317 Staatsarchiv Hamburg, 133-1 II Staatsarchiv II, Nr. 43: 11344/1939 Schreiben von Heinrich Reincke an die Bauverwaltung vom 11.7.1939 und an den Hafenkapitän vom 27.6.1939.

318 Staatsarchiv Hamburg, 133-1 II Staatsarchiv II, Nr. 43: 11344/1939, Schreiben von Karl Kaufmann an Heinrich Reincke vom 8.6.1939.

an das Archiv abgeliefert.[320] In diesem Rahmen war zumindest Reincke gut über die Kriegssituation informiert. Nach der Bombardierung Hamburgs im Juli/August 1943 im Rahmen der „Operation Gomorrha" erhielt das Archiv beispielsweise auf Anfrage geheime Schadenskarten und einen Bericht über die Folgen des Luftkrieges, während versucht wurde, der Bevölkerung die gesamten Ausmaße der Schäden zu verheimlichen.[321]

4.1 Veränderungen in der Bewertung

Schon im Mittelalter wurde in den Archiven nicht alles Schriftgut aufbewahrt.[322] Es wurde immer ausgewählt, was „archivwürdig" war. Seit Beginn des 20. Jahrhunderts wurde verstärkt der Frage nachgegangen, welche Akten aufbewahrt werden sollten: der Vorgang der archivischen Bewertung.[323] Zur Zeit des Nationalsozialismus wurden vor allem in der preußischen Archivverwaltung verschiedene Methoden und Hilfsmittel der Bewertung diskutiert.[324] Dabei wurde damals versucht den Strukturen des Aufbaus der Verwaltung zu folgen, sich andererseits aber auch am Inhalt zu orientieren, um über die Archivwürdigkeit zu entscheiden.[325]

---

319 Staatsarchiv Hamburg, 133-1 II Staatsarchiv II, Nr. 45: 18831/1939, Verfügung der Verwaltungsabteilung an alle Behörden vom 30.9.1939, mit einem Aufruf entsprechende Dokumente dem Archiv zu übergeben.

320 Staatsarchiv Hamburg, 133-1 II Staatsarchiv II, Nr. 58: 6144/1941, Schreiben von der Sozialverwaltung an das Staatsarchiv Hamburg vom 14.2.1941, 22.4.1941 und 10.10.1941.

321 Staatsarchiv Hamburg, 133-1 II Staatsarchiv II, Nr. 65: 767/1943, Anfrage von Heinrich Reincke an den Polizeipräsidenten vom 3.12.1943 und Übersendung der Akten am 9.12.1943.

322 Franz: Einführung, S. 81.

323 Bodo Uhl: Die Geschichte der Bewertungsdiskussion, in: Bilanz und Perspektiven archivischer Bewertung. Beiträge eines Archivwissenschaftlichen Kolloquiums, hrsg. von Andrea Wettmann (Veröffentlichungen der Archivschule Marburg, 21), Marburg 1994, S. 11–35, hier: S. 20–22.

324 Robert Kretzschmar: „Kassationsgrundsätze allgemeiner und besonderer Art". Zur Bewertungsdiskussion der preußischen Archivverwaltung 1936 bis 1945, in: Leder ist Brot. Beiträge zur norddeutschen Landes- und Archivgeschichte. Festschrift für Andreas Röpcke, hrsg. von Bernd Kasten, Matthias Manke und Johann Peter Wurm, Schwerin 2011, S. 383–399, hier: S. 383 und S. 399.

325 Uhl: Bewertungsdiskussion, S. 23.

Der gesamte Prozess der Bewertung erfuhr im Nationalsozialismus, wenn auch nur eine geringe so doch eine spürbare Veränderung. Aus Mangel an ausreichenden Ablieferungslisten lässt sich dies en détail für das Staatsarchiv Hamburg nicht feststellen, für Einzelfälle gilt jedoch, dass die Kriterien für die Archivwürdigkeit beeinflusst wurden. Akten wurden nicht mehr vernichtet, wenn sie „den Charakter einer Personalakte" trugen oder wenn angenommen wurde, dass „wertvolles Material für erbbiologische Untersuchungen" darin vorhanden sei.[326] Dies ist eine Entwicklung, die sich auch in anderen Archiven beobachten lässt. Ulrich Kober kommt für das Geheime Staatsarchiv Preußischer Kulturbesitz zu dem Ergebnis, dass die NS-Politik nahezu keinen Einfluss auf die dortige Bewertungs- und Übernahmepraxis hatte, da rechtliche Belange und historisches Interesse ausschlaggebende Kriterien blieben. Aber auch er stellt fest, dass es eine verstärkte Beachtung der sippenkundlichen und erbbiologischen Relevanz gab.[327] Nicht zuletzt wurden in der archivübergreifend geführten Bewertungsdiskussion genau diese inhaltlichen Wertkategorien immer wieder betont.[328]

Die größte Einmischung in die Bewertungspraxis bildete für das Staatsarchiv Hamburg die Vorgabe für die Übernahme von Personalakten. Um die Quellenbasis für die Ausstellung der Ariernachweise, gerade für die Zweifelsfälle, zu erweitern, wurde im Runderlass des Reichsinnenministers vom 16. September 1937 bestimmt, dass die Personalakten für einen klar abgegrenzten Personenkreis nicht mehr vernichtet werden dürfen und ins Archiv aufgenommen werden müssen.[329] Zudem sollten Listen über die abzuliefernden Personalakten von den Behörden an das Archiv abgegeben werden, anhand derer die Archivare über die Aufbewahrung entscheiden sollten. Diejenigen Akten, die nicht für archivwürdig und damit nicht der Aufbewahrung wert befunden wurden, sollten zur „Verkartung" abgegeben und danach vernichtet werden. Ab 1943 mussten die zu vernichtenden

---

[326] Staatsarchiv Hamburg, 133-1 II Staatsarchiv II, Nr. 33: 12687/1938, internes Schreiben von Carl Puvogel an Heinrich Reincke vom 20.7.1938 zur Bewertung von Versorgungsakten des Oberversicherungsamtes.

[327] Siehe den Tagungsbericht von Kriese: Archivarbeit, S. 206.

[328] Kretzschmar: Kassationsgrundsätze, S. 392 f.; Kretzschmar: Überlieferungsbildung, S. 38.

[329] Weiser: Preußische Archivverwaltung, S. 168.

Personalakten vorher dem RSA angeboten werden.[330] Diese Regelung, dass bestimmte Personalakten vom Staatsarchiv generell übernommen werden mussten, widersprach der bisherigen Praxis.

Dies führte zu einer großen Aktenmenge, die die Archive zusätzlich übernehmen mussten. Vor allem im Zweiten Weltkrieg wurde das zu einer großen Belastung. In einer Zeit, in der Archivalien nur übernommen werden sollten, wenn dafür luftschutzsicherer Raum zur Verfügung gestellt werden konnte – eine große Einschränkung für das nahezu voll belegte Hamburger Archiv – wurde „die Unmenge der aufzubewahrenden zum überwiegenden Teil belanglosen Personalakten eine große Last".[331] Reincke schlug dementsprechend vor, die Personalakten bei ihrer Schließung einer „radikalen Bearbeitung"[332] zu unterziehen, indem bereits zu diesem Zeitpunkt nur das „sippenkundlich" relevante Material aussortiert würde. Letztendlich wurde dieser Vorschlag jedoch nie in die Tat umgesetzt.

Der Krieg hatte vielfältige Auswirkungen. Bereits vor Kriegsbeginn war gesetzlich festgehalten worden, dass Kellerräume und Dachböden von leicht entflammbarem Material wie Papier geräumt werden sollen.[333] Für die Behörden gab es mehrere Wege, um dem Gesetz zu entsprechen. Zum einen wurde die Verkürzung von Aufbewahrungsfristen vorgeschlagen, damit Akten früher dem Archiv angeboten und gegebenenfalls vernichtet werden konnten. Reincke selber plädierte 1943 dafür, dass die Aufbewahrungsfristen für Karteien, Bürobücher oder andere Behelfsmittel auf fünf Jahre herabgesetzt werden könnten, bei Rechnungsbelegen könne „unbedenklich"[334] bis auf zwei Jahre zurückgegangen werden.

Zum anderen nahmen Behörden das Gesetz zum Anlass ihre alten und nicht mehr benötigten Unterlagen dem Archiv anzubieten. Dies führte dazu, dass das Problem der Behörde zum Problem des Archivs wurde.

---

330 Staatsarchiv Hamburg, 133-1 II Staatsarchiv II, Nr. 67: 83/1945, Schreiben von Hans Kellinghusen an das Versicherungsamt der Gemeindeverwaltung vom 17.3.1945.

331 Staatsarchiv Hamburg, 133-1 II Staatsarchiv II, Nr. 64: 91/1943, Schreiben von Heinrich Reincke an die Organisationsabteilung des Hauptverwaltungsamts vom 30.1.1943.

332 Ebd.

333 3. DVO des Luftschutzgesetzes vom 4.5.1937, RGBl I, 1937, S. 566.

334 Staatsarchiv Hamburg, 133-1 II Staatsarchiv II, Nr. 64: 91/1943, Schreiben von Heinrich Reincke an die Organisationsabteilung des Hauptverwaltungsamts vom 30.1.1943.

Auch die Dachböden des Rathauses waren mit Archivgut belegt und mussten an andere Stellen im Magazin untergebracht werden. Nach der Anbietung durch die Behörden wurde wahrscheinlich im Schritt der Bewertung ein Teil der Akten vernichtet, trotzdem führte diese übermäßige Anbietung von Akten dazu, dass das Archiv die Übernahme ablehnen musste, da kein luftschutzsicherer Raum zur Verfügung gestellt werden konnte.[335] Reincke schrieb 1940 von einer „[r]estlosen Erschöpfung der Lagerungsmöglichkeiten" des Archivs. Es könne kein weiterer Zuwachs untergebracht werden, weswegen neues Archivgut nicht übernommen werden könne.[336]

Die Annahme, dass Behörden ohne vorherige Bewertung durch die Archivare Akten vernichteten, liegt nahe. Weiser schreibt davon, in dem Gebiet der preußischen Staatsarchive sei es durch die im Krieg „durchgeführte Dachbodenentrümpelungskampagne zu überstürzten Aktenaussonderungen und -einstampfungen"[337] gekommen. Teils bedeutendes Schriftgut wurde ohne Erlaubnis und ohne Wissen der Archivare vernichtet.[338] Ein zusätzlicher Anreiz für die Behörden so zu handeln, waren die gerade in Kriegszeiten durchgeführten Altpapiersammlungen zur Rohstoffgewinnung.[339] Beispielsweise wurden die Behörden im Runderlass des Reichsinnenministers vom 2. April 1943 dazu aufgerufen, alles entbehrliche Schriftgut zur Abholung bereit zu halten.[340] Diese Aktion wurde unterstützend begleitet von Zeitungsaufrufen „uralte Akten" und „Archivmaterial"[341] abzugeben. Auch dadurch wird archivwürdiges Material vernichtet worden sein.

Die Bewertung und die Übernahme von Akten wurden im Zweiten Weltkrieg noch durch den Personalmangel erschwert. Mit der sogenannten

---

335 Vgl. Staatsarchiv Hamburg, 133-1 II Staatsarchiv II, Nr. 57: 2503/1941, Ablehnung Heinrich Reinckes für die Übernahme von ca. 17000 Testamenten vom Amtsgericht am 7.3.1941.

336 Staatsarchiv Hamburg, 133-1 II Staatsarchiv II, Nr. 57: 2459/1941, nicht adressiertes Schreiben von Heinrich Reincke vom 22.8.1940.

337 Weiser: Archivverwaltung, S. 154.

338 Ebd.

339 Kretzschmar: Kassationsgrundsätze, S. 385; Kretzschmar: Überlieferungsbildung, S. 37 f.

340 Staatsarchiv Hamburg, 133-1 II Staatsarchiv II, Nr. 64: 349/1943, Schreiben von Ernst Zipfel an das Staatsarchiv Hamburg vom 20.4.1943.

341 Ebd.

„Vereinfachung der Verwaltung" zu Kriegsbeginn wurden nahezu zwei Drittel der Beschäftigten des Hamburger Archivs an andere, kriegswichtige Stellen der Verwaltung versetzt. Als nun 1941 das Archiv Unterlagen eines Theaters übernehmen wollte und dafür die Wiederbesetzung einer Angestelltenstelle forderte, wurde Reincke von der Organisationsabteilung unter der Leitung von Senator Oscar Toepffer gerügt, dass Arbeiten, „soweit sie nicht mit der Landesverteidigung zusammenhängen, während des Krieges grundsätzlich nicht in Angriff zu nehmen"[342] sind. Die Arbeit der Archivare wurde also, da sie nicht mit der Landesverteidigung zusammen hing, stark eingeschränkt. Archivwürdige Akten, die nicht ins Archiv übernommen werden konnten, waren den Folgen des Krieges ausgesetzt und nicht wenige werden vernichtet worden sein, weil sie sich nicht in den geschützten Magazinen bzw. Auslagerungsorten des Archivs befanden.

4.2 Rückführung „geraubten" Archivguts

Eines der maßgeblichen Grundsätze der Archivarbeit stellt das sogenannte Provenienzprinzip dar: Archivalien werden dort aufbewahrt, wo sie entstanden sind. Reincke war immer bemüht, dieses Prinzip einzuhalten. Nachdem beispielsweise dem Staatsarchiv Urkunden zum Kauf angeboten worden waren, schrieb Reincke an das Preußische Staatsarchiv Münster, dass die Urkunden eigentlich dorthin gehörten. Sie würden sich gut in die hauseigene Trummer-Sammlung einfügen lassen, so Reincke, jedoch gehörten sie ins dortige Archiv.[343] An anderen Stellen, gerade in den Archiven der besetzten Gebiete, haben Archivare während des Nationalsozialismus und des Zweiten Weltkriegs das Provenienzprinzip nicht eingehalten.

Mit dem schnellen Vorrücken der Wehrmacht im Osten und Westen zu Beginn des Zweiten Weltkriegs wurden Kommissionen von Archivaren gegründet, die gezielt entsandt wurden, um nach wichtigem Material zu su-

---

342 Staatsarchiv Hamburg, 133-1 II Staatsarchiv II, Nr. 57: 276/1941, Schreiben von Senator Toepffer, Organisationsabteilung des Hauptverwaltungsamts, an Heinrich Reincke vom 30.1.1941.

343 Staatsarchiv Hamburg, 133-1 II Staatsarchiv II, Nr. 60: 157/1942, Schreiben von Heinrich Reincke an das Preußische Staatsarchiv Münster vom 30.1.1942.

chen. Dabei wurde vor allem in den Ostgebieten das Provenienzprinzip missachtet. Es wurden Akten nach Deutschland unter dem Vorwand überführt, sie würden für den Aufbau der Verwaltung im Osten benötigt oder es handele sich um deutsche Akten.[344] Von allen Staatsarchiven wurde mindestens ein Mitarbeiter entsandt. Während die preußischen Staatsarchive nahezu 50 Prozent der entsandten Archivare stellten[345], wurde aus Hamburg der wissenschaftliche Angestellte Alfred Dreyer geschickt, der von 1942 bis 1945 im Reichsarchiv Posen tätig war. Durch die räumliche Entfernung war der Osteinsatz der Archivare jedoch im Hamburger Archiv wenig präsent. Ähnliches gilt auch für die sogenannte Ostforschung, die in den Archiven, wie auch in der Geschichtswissenschaft, einen neuen Stellenwert errang.[346] Viel interessanter für den hamburgischen Bereich waren die Maßnahmen, die für die Rückführung von angeblich deutschem und dementsprechend „geraubtem" Archivgut aus den besetzten westlichen Gebieten durchgeführt wurden.

Ernst Zipfel, Generaldirektor der preußischen Staatsarchive und Direktor des Reichsarchivs, war ab 1940 auch Kommissar für den Archivschutz in Deutschland und in den besetzten westlichen Gebieten, den Niederlanden, Belgien und Frankreich. Ähnlich wie im Osten waren hier direkt nach dem Einmarsch der deutschen Truppen, noch vor Etablierung der Okkupationsbehörden, erste Sondierungen für den „Archivschutz" begonnen worden.[347] Es ging vor allem um den Schutz der französischen Archive und die Feststellung von verschlepptem deutschem Archivgut.[348] Zipfel schrieb kurz nach seiner Ernennung an das Hamburger Archiv und fragte, ob dort

344 Weiser: Preußische Archivverwaltung, S. 182, siehe dazu ausführlich: Stefan Lehr: Ein fast vergessener „Osteinsatz". Deutsche Archivare im Generalgouvernement und im Reichskommissariat Ukraine (Schriften des Bundesarchivs, 68), Düsseldorf 2007.

345 Musial: Staatsarchive, S. 114.

346 Weiterführende Literatur zur Stellung der Ostforschung in der Geschichtswissenschaft siehe: Michael Burleigh: Germany turns eastwards. A study of Ostforschung in the Third Reich, Cambridge u. a. 1989.

347 Musial: Staatsarchive, S. 142.

348 Karl Heinz Roth: Eine höhere Form des Plünderns. Der Abschlußbericht der „Gruppe Archivwesen" der deutschen Militärverwaltung in Frankreich 1940–1944, in: 1999. Zeitschrift für Sozialgeschichte des 20. und 21. Jahrhunderts 4 (1989), Hf. 2, S. 79–122, hier: S. 94, zitiert nach: Musial: Staatsarchive, S. 144.

Ansprüche auf beispielsweise während der Franzosenzeit geraubte Archivalien geltend gemacht werden könnten. Gleichzeitig bat er um Übersendung eines wissenschaftlichen Beamten, um die Sichtung französischer Archive vorantreiben zu können.[349] Reincke antwortete, aus Hamburg „sind rechtlich begründete Ansprüche auf Übernahme von Archivalien aus Frankreich, Belgien und Holland nicht zu stellen, auch bestehen keine Wünsche auf Gewinnung von Archivgut aus diesen Ländern".[350] Aktenraub habe es in der Franzosenzeit nicht gegeben, so Reincke weiter, nur übermäßige Kassationen. Durch den Personalmangel und den Verbleib von Kellinghusen und Reincke als einzige wissenschaftliche Beamte – Möller und von Lehe dienten als Soldaten – sei eine personelle Unterstützung nicht möglich.[351] Zipfel hatte bereits vorher erwähnt, dass vor allem die preußischen Staatsarchive durch ihre Nähe zur französischen Grenze aufgefordert seien, Archivare nach Frankreich zu entsenden.[352] Für die Vorbereitungen des Einsatzes deutscher Archivare in England zur Wiederbeschaffung des dort vorhandenen „geraubten" Kulturguts seien dann jedoch vor allem das Archiv in Hamburg und das Staatsarchiv Hannover gefordert.[353]

Mitte des Jahres 1940 hatte es von verschiedenen Stellen, so von Zipfel und von der Hamburger Verwaltung für Kunst- und Kulturangelegenheiten, Anfragen gegeben, ob Ansprüche auf Kulturgegenstände aus England bestünden. Dies war von Seiten des Archivs nicht der Fall. Im Juni 1940 machte Reincke jedoch den Direktor des Museums für Hamburgische Geschichte, Otto Lauffer, darauf aufmerksam, dass sich das Modell des hamburgischen Convoyschiffs „Wapen von Hamburg (III)" von 1719 in britischem Besitz befände.[354] Das knapp zwei Meter lange Modell war 1806 als

---

349 Staatsarchiv Hamburg, 133-1 II Staatsarchiv II, Nr. 54: 7323/1940 Bd. 1, Schreiben von Ernst Zipfel an Heinrich Reincke vom 18.6.1940.

350 Staatsarchiv Hamburg, 133-1 II Staatsarchiv II, Nr. 54: 7323/1940 Bd. 1, Schreiben von Heinrich Reincke an Ernst Zipfel vom 24.6.1940.

351 Ebd.

352 Staatsarchiv Hamburg, 133-1 II Staatsarchiv II, Nr. 54: 7323/1940 Bd. 1, Schreiben von Ernst Zipfel an Heinrich Reincke vom 18.6.1940.

353 Ebd.

354 Staatsarchiv Hamburg, 133-1 II Staatsarchiv II, Nr. 52: 1268/1940 Schreiben von Heinrich Reincke an Otto Lauffer vom 20.6.1940.

Kriegsbeute aus dem Cuxhavener Arsenal nach London gelangt.[355] Ab September 1940 kam Zipfel erneut auf den Einsatz Hamburger Archivare in England zu sprechen: „Es ist nunmehr an der Zeit die Vorbereitungen für ähnliche Maßnahmen in *England* zu treffen", wie sie bereits in Frankreich geschahen.[356] Als personelle Unterstützung bot Reincke den in Belgien diensttuenden Möller an. Dem gegenüber stellte er mit Bedauern fest: „Falls ich noch jünger und sprachgewandter wäre, hätte ich mich fraglos selbst gemeldet."[357] Dadurch, dass im Laufe des Krieges eine Besetzung Englands nicht stattfand, wurden weitere Maßnahmen hinfällig.

In Dänemark gingen die Archivare wieder anders vor als im Osten oder in Frankreich. Nach der Besetzung Dänemarks wurden keine deutschen Archivare entsandt und auch zu einem späteren Zeitpunkt scheiterte ein solches Vorhaben, da die deutschen Planungen für Dänemark andere Prioritäten hatten.[358] Vom Reichspropagandaamt kam im Februar 1941 die Anfrage, welche Rückforderungen an „geraubtem" Kulturgut von hamburgischer Seite an Dänemark zu stellen seien. Reincke antwortete sehr diplomatisch: „‚Forderungen' an Dänemark hat das Archiv der Hansestadt Hamburg nicht zu stellen. […] Dagegen bestehen hier mancherlei ‚Wünsche', deren Erfüllung im Wege einer Vereinbarung sehr zu begrüßen wäre."[359] So hätte die königliche Bibliothek in Kopenhagen einige wertvolle Handschriften gekauft, „die dort fraglos fehl am Platz sind".[360] Außerdem seien im Hamburger Brand von 1842 die Akten über die Beziehungen zu Dänemark und Holstein zerstört worden. Diese Lücke lasse sich mit der

[355] 1951 kam das Modell zurück nach Hamburg, nachdem es auf eine Initiative des Museums für Hamburgische Geschichte zurückgekauft worden war, siehe fortführend dazu: Heinrich Reincke, Bernhard Schulze: Das Hamburgische Convoyschiff „Wapen von Hamburg" III. Modell und Geschichte (Mitteilungen aus dem Museum für Hamburgische Geschichte, 1), Hamburg 1952. Das Modell ist bis heute im Museum ausgestellt.

[356] Staatsarchiv Hamburg, 133-1 II Staatsarchiv II, Nr. 54: 7323/1940 Bd. 1, Schreiben von Ernst Zipfel an Heinrich Reincke vom 27.9.1940, Hervorhebungen wie im Original.

[357] Staatsarchiv Hamburg, 133-1 II Staatsarchiv II, Nr. 54: 7323/1940 Bd. 1, Schreiben von Heinrich Reincke an Kurt Detlev Möller vom 2.10.1940.

[358] Musial: Staatsarchive, S. 141.

[359] Staatsarchiv Hamburg, 133-1 II Staatsarchiv II, Nr. 55: 11794/1940, Schreiben von Heinrich Reincke an das Reichspropagandaamt vom 8.2.1941.

[360] Ebd.

Herstellung von Kopien der dänisch-holsteinischen Gegenakten zumindest zum Teil schließen. Reincke sprach sich jedoch vehement gegen eine Überführung dieser Akten in sein Archiv aus: „Eine Auslieferung des Materials kommt nach den archivalischen Grundsätzen keinesfalls in Betracht, es gehört dorthin, wo es erwachsen.“[361]

1942 plante Zipfel ambitioniert, die in dänischen Archiven, vor allem im Reichsarchiv in Kopenhagen, vorhandenen Quellen zur deutschen Geschichte kopieren zu lassen.[362] Dafür fragte er an, ob „etwaige Fotokopierwünsche“[363] vom Hamburger Archiv bestünden. Reincke musste diese, in seinen Augen einmalige Gelegenheit ausschlagen. Da die gesamte dänisch-holsteinische Abteilung 1842 in Hamburg verbrannt sei, benötige man so viel aus den dänischen Archiven, dass nur eine Auswahl kopiert werden könne.[364] Das Archiv hatte aber zu der Zeit nicht das nötige Personal – 1942 arbeiteten von 54 Mitarbeitern in Friedenszeiten (Stand 1. April 1939) nur noch 28 (Stand 15. September 1942) im Archiv –, um die Vorarbeit zu leisten.[365] Reincke verlieh aber seiner Hoffnung Ausdruck, dass er in einigen Monaten auf die Angelegenheit zurückkommen könne.[366] Nur zwei Monate später schrieb Zipfel, dass während des Krieges kein Geld für Reisekosten zur Erkundung der dänischen Archive vorhanden sei und dass er „zu einem günstigeren Zeitpunkt“[367] auf die Angelegenheit zurückkommen werde, was nie geschah.

---

[361] Ebd.

[362] Staatsarchiv Hamburg, 133-1 II Staatsarchiv II, Nr. 61: 355/1942, Schreiben von Ernst Zipfel an Heinrich Reincke vom 2.3.1942.

[363] Ebd. Das Kopieren der Archivalien war als neue und einzige Vervielfältigungsmöglichkeit außer dem Abschreiben als eine Möglichkeit der Bestandssicherung sehr beliebt, was sich verstärkt noch bei den Luftschutzmaßnahmen zeigte.

[364] Staatsarchiv Hamburg, 133-1 II Staatsarchiv II, Nr. 61: 355/1942, Schreiben von Heinrich Reincke an Ernst Zipfel vom 10.3.1942.

[365] Staatsarchiv Hamburg, 133-1 II Staatsarchiv II, Nr. 55: 11798/1940, Auflistung von Karl Kortes über die Mitarbeiterzahl [ohne Datum].

[366] Staatsarchiv Hamburg, 133-1 II Staatsarchiv II, Nr. 61: 355/1942, Schreiben von Heinrich Reincke an Ernst Zipfel vom 10.3.1942.

[367] Staatsarchiv Hamburg, 133-1 II Staatsarchiv II, Nr. 61: 355/1942, Schreiben von Ernst Zipfel an Heinrich Reincke vom 6.5.1942.

Obwohl keine Rückführung von Archivalien gefordert wurde, gelangten Archivalien aus dem besetzten Frankreich ins Hamburger Archiv. Am 4. Juli 1941 erhielt es Akten, die von der Kompagnie eines deutschen Infanterie-Regimentes in einem Schloss in Lucy-le-Bois in der Bourgogne sichergestellt worden waren. Reincke berichtete Kaufmann in einem Vortrag, bei den Akten handele es sich um Schriftgut aus dem Archiv des französischen Unterpräfekten für Hamburg zur Franzosenzeit, Alfred de Chastellux, mit einer Laufzeit von 1812 bis 1814.[368] Die Akten „hätten an sich ebenso wie das Archiv des Präfekten der Elbmündungen Breteuil in Hamburg verbleiben müssen, wären dann freilich auch gleich jenen im Großen Hamburger Brand 1842 zu Grunde gegangen“.[369] Als Erklärung bot Reincke an, Castellux habe die Akten „unbefugterweise in seine Heimat mitgenommen [...] vielleicht um seine Amtsführung gegen zu erwartende Angriffe rechtfertigen zu können“.[370] Seiner Vermutung nach müsse es noch weitere Aktenteile in Lucy-le-Bois geben, mit deren Suche er den Reichskommissar für Archivschutz, Zipfel, beauftragte.

Knapp ein Jahr später wurden von dem Leiter des Archivschutzes in den besetzten westlichen Gebieten, Georg Schnath, gleichzeitig Direktor des Staatsarchivs Hannover, in dem gleichen Schloss in Lucy-le-Bois noch zwei Registerbände zu den Akten gefunden. Zipfels Ausführungen geben Auskunft darüber, wie die deutschen Truppen bei der Beschlagnahmung der Archivalien vorgingen:

> „Von der Beschlagnahme hamburgischer Archivalien im Frühjahr 1941 durch einen Hamburger Truppenteil auf seinem Schlosse hatte und hat er [der Schlossbesitzer, Anm. d. Verf.] bisher keine Kenntnis. Ob die von dem Truppenteil getroffene Auslese auch wirklich damals alles Vorhandene erfaßt hat, läßt sich heute nicht mehr feststellen, da die zuletzt dort einquartierte Einheit im April 1941 alle herumliegende Papiere verbrannt hat. Doch berichtet Dr. Schnath ab-

---

[368] Die Akten bilden heute im Staatsarchiv den Bestand 112-2 Unterpräfektur Hamburg. Dieser Bestand ist für die Benutzung gesperrt, da der Rechtsstatus ungeklärt ist und eine juristische Klärung noch aussteht.

[369] Staatsarchiv Hamburg, 133-1 II Staatsarchiv II, Nr. 58: 6820/1941, Reinschrift des Vortrags von Heinrich Reincke für Karl Kaufmann, gehalten am 21.7.1941.

[370] Ebd.

> schließend, das Schloß vom Keller bis zum Dach gründlich durchsucht zu haben, daß weitere Papiere aus dem Nachlaß des Unterpräfekten de Chastellux dort nicht mehr vorhanden sein könnten."[371]

Nicht nur, dass der Schlossbesitzer nichts von der „Rückführung" der Archivalien erfuhr, andere Papiere wurden verbrannt. Die Frage nach Besitzverhältnissen spielte für die Soldaten keine Rolle.

Eine Rückführung geraubten Kulturguts gab es überraschenderweise in andere Richtung. Nachdem Polen als Generalgouvernement für die besetzten polnischen Gebiete ab Ende 1939 in deutscher Hand war, fragte Reincke beim Archivamt des Distrikts Krakau im Generalgouvernement an, in welches Archiv das Grodbuch der galizischen Stadt Strzyzow[372] gehöre, das im Ersten Weltkrieg durch Soldaten nach Hamburg verschleppt worden war.[373] Das Reincke gewillt war, das Buch zurück zu geben, erscheint auf den ersten Blick überraschend, ist letztendlich aber nur konsequent: Das Buch gehörte nach archivischen Standards an seinen Entstehungsort zurück. Anscheinend beziehen sich in Reinckes Verständnis die archivalischen Standards jedoch nur auf deutsche bzw. in deutscher Hand befindliche Archive. Immerhin hatte das Hamburger Archiv mehr als 20 Jahre mit der Rückgabe Zeit gehabt, führte diese aber erst durch, als Strzyzow im Generalgouvernement unter deutscher Herrschaft war.

4.3 Jüdische Archivalien

Neben den deutschen Archivalien im Ausland galt innerhalb des Reiches ein großes Interesse den jüdischen Archivalien, also den Archivalien von jüdischen Gemeinden und jüdischen Privatpersonen. Schon früh waren

371 Staatsarchiv Hamburg, 133-1 II Staatsarchiv II, Nr. 58: 6820/1941, Schreiben von Ernst Zipfel an Heinrich Reincke vom 10.4.1942.

372 Strzyzow ist 30 km südwestlich von Rzeszów, dem damaligen Reichshof, und rund 150 km östlich von Krakau.

373 Staatsarchiv Hamburg, 133-1 II Staatsarchiv II, Nr. 55: 11709/1940, Schreiben von Heinrich Reincke an das Archivamt des Distrikts Krakau vom 28.10.1940.

Maßnahmen eingeleitet worden, um Informationen über Juden aus den Archivquellen zu filtern. 1933 recherchierte Rudolf Kummer[374] in Hamburg im Auftrag des SfR nach den Akten zur Geschichte der Juden. Es ging ihm vor allem um die Geschichte der Juden im 18. und 19. Jahrhundert mit einem besonderen Augenmerk auf den amtlich geführten Judenmatrikeln.[375] 1937 wünschte das Reichsministerium des Innern für die Forschungsabteilung „Judenfrage" des RIGD eine Auflistung der „die Juden betreffenden Archivalien"[376] des Staatsarchivs Hamburg. Aus dem Archiv wurden 14 maschinenschriftliche Seiten zurückgesandt.

Bei diesen Maßnahmen ging es um die bereits in den Archiven vorhandenen Unterlagen, in denen Juden erwähnt wurden, nicht um die eigentlich im jüdischen Besitz befindlichen, archivwürdigen Unterlagen. Zu letzteren erging an die preußischen Archive vom Reichsinnenminister der Erlass, dass ab dem 1. Januar 1937 alle Judaica in den Archiven zu registrieren und listenmäßig zu erfassen seien.[377] Der Erlass ging als Empfehlung auch an die nichtpreußischen Archive.

Die Nacht vom 9. auf den 10. November 1938, die Reichspogromnacht, spielte reichsweit eine große Rolle auch für den Umgang mit jüdischen Archivalien.[378] Von München ausgehend hatte es im ganzen Deutschen Reich gewaltsame Ausschreitungen gegen Juden gegeben. Menschen waren verhaftet, jüdische Geschäfte zerstört und geplündert, Synagogen geschändet und angezündet worden. Bei den Angriffen auf die Synagogen wurden deutschlandweit viele jüdische Archivalien vernichtet, andere wurden von der Gestapo beschlagnahmt.[379] Über deren Verfügung gab es in der Folgezeit häufig Auseinandersetzungen zwischen Behörden und Institutionen,

---

[374] Rudolf Kummer (1896–1987) war Bibliothekar und Referent für das wissenschaftliche Bibliothekswesen im Reichserziehungsministerium.

[375] Staatsarchiv Hamburg, 133-1 II Staatsarchiv II, Nr. 5: 4994/1933, Schreiben von Rudolf Kummer vom 28.8.1933.

[376] Staatsarchiv Hamburg, 133-1 II Staatsarchiv II, Nr. 25: 436/1937, Schreiben des Reichsministeriums des Innern vom 6.1.1937.

[377] Weiser: Preußische Archivverwaltung, S. 162.

[378] Zu den Folgen der Reichspogromnacht in Hamburg siehe vor allem: Jürgen Sielemann: Fragen und Antworten zur „Reichskristallnacht" in Hamburg, in: ZHG 83 (1997) Ht. 1, Festschrift für Hans-Dieter Loose zum 60. Geburtstag, S. 473–501.

[379] Weiser: Preußische Archivverwaltung, S. 163 f.

da jeder sie für sich beanspruchte. Nicht zuletzt hatte auch die Gestapo selbst ein Interesse an den Akten.[380] In den wenigsten Fällen sind die Akten von der Gestapo an die Archive übergeben worden.[381]

Für Hamburg wurde in der Forschung lange von einem Sonderweg ausgegangen: Danach soll der JRV die Akten ans Archiv abgegeben haben, bevor es zu einer Beschlagnahmung durch die Gestapo gekommen war.[382] Laut Äußerungen von Max Plaut und Hans Hertz in einem Interview von 1956 soll bereits vor den Novemberpogromen eine Abgabe an das Archiv angestrebt worden sein.[383] Erst Sielemanns Aufsatz über die personenkundliche Abteilung des Staatsarchivs Hamburg widerlegte diese Annahme anhand der Geschäftsakten des Archivs.[384] Während der Reichspogromnacht waren Akten von der Gestapo beschlagnahmt und dann erst auf Geheiß von Reincke, entgegen der Praxis in anderen Städten, an das Staatsarchiv abgeliefert worden. Reincke hatte sich zwei Wochen nach den Ereignissen mit einem Schreiben an die Gestapo Hamburg gewandt. Für die Eintragung der Zusatznamen Israel und Sara benötige das Archiv, „da es nur die Duplikate der jüdischen Register in Händen hat", für die Erteilung von „berechtigten Ausfertigungen" die Originalregister.[385]

> „Ich stelle daher anheim, die Originalregister, soweit sie fernerhin in öffentlichem Verwahrsam verbleiben sollen, vorläufig beim Archiv

[380] Ebd., S. 164.

[381] Ebd.

[382] Peter Freimark: Vom Hamburger Umgang mit der Geschichte einer Minderheit, in: Juden in Deutschland. Emanzipation, Integration, Verfolgung und Vernichtung. 25 Jahre Institut für die Geschichte der deutschen Juden Hamburg, hrsg. von Peter Freimark, Alice Jankowski und Ina Lorenz, Hamburg 1991, S. 466–477, hier: S. 467 f.; Peter Honigmann: Geschichte des jüdischen Archivwesens in Deutschland, in: Der Archivar 55 (2002), S. 223–230, hier: S. 226; Jürgen Sielemann: Hamburger Gemeindeakten im Staatsarchiv Hamburg, in: Jüdisches Archivwesen. Beiträge zum Kolloquium aus Anlass des 100. Jahrestages der Gründung des Gesamtarchivs der deutschen Juden zugleich 10. Archivwissenschaftliches Kolloquium der Archivschule Marburg, 13.–15. September 2005, hrsg. von Frank M. Bischoff und Peter Honigmann (Veröffentlichungen der Archivschule Marburg, 45), Marburg 2007, S. 97–110, hier: S. 99.

[383] Staatsarchiv Hamburg, 133-1 III Staatsarchiv III, Nr. 215-1/4/2 Bd. 3: Äußerungen von Dr. Max Plaut und Hans Hertz vom 7.6.1956, zitiert nach: Sielemann: Hamburger Gemeindeakten, S. 106 f.

[384] Sielemann: Die personenkundliche Abteilung, S. 150–154.

[385] Staatsarchiv Hamburg, 133-1 II Staatsarchiv II, Nr. 34: 21685/1938, Schreiben von Heinrich Reincke an die Gestapo Hamburg vom 22.11.1938.

> zu hinterlegen, damit von hier aus die Ausfertigungen erfolgen können, oder eine andere Stelle mit der Ausfertigung zu betrauen, an die dann die hier eingelaufenen Anträge weitergeleitet werden könnten."[386]

Es ging Reincke nur um die Überführung der von den jüdischen Gemeinden geführten Aufzeichnungen über Geburten, Hochzeiten und Sterbefällen, zeitgenössisch auch als „Judenregister" bezeichnet. Trotz des diplomatischen Vorschlages, die Archivalien könnten an eine andere Stelle gegeben werden, wird Reinckes Wunsch, sie ins Archiv zu überführen, deutlich. In dem Versuch, die Verantwortlichen von einer Übergabe zu überzeugen, erwähnte er in dem Schreiben, dass bereits die Zivilregister und viele Kirchenbücher in den Händen des Archivs seien und täglich Auskünfte an „Arier wie Juden"[387] daraus erteilt würden.

Viele Archive in Deutschland waren mit der Frage nach dem Verbleib der jüdischen Archivalien, besonders der „Judenregister" beschäftigt. Das Stadtarchiv Frankfurt am Main erkundigte sich beim Hamburger Archiv, wie dort die Situation sei. In Frankfurt seien die Archivalien „vorläufig noch von der Geheimen Staatspolizei beschlagnahmt und ihre Zukunft ungewiss".[388] Reincke konnte zu dieser Zeit bereits darauf hinweisen, dass die jüdischen Register auf seinen Antrag hin an das Archiv übergeben worden seien.[389] Der Grund für die Überführung dieser Archivalien, obwohl sie angeblich im Einvernehmen mit dem JRV stattfand[390], war die Fortführung

---

[386] Ebd.

[387] Ebd.

[388] Staatsarchiv Hamburg, 133-1 II Staatsarchiv II, Nr. 34: 23572/1938, Schreiben des Stadtarchivs Frankfurt vom 6.12.1938.

[389] Staatsarchiv Hamburg, 133-1 II Staatsarchiv II, Nr. 34: 23572/1938, Schreiben von Heinrich Reincke an das Stadtarchiv Frankfurt vom 10.12.1938. Das genaue Datum der Übergabe der Register der jüdischen Gemeinden war der 6.12.1938, vgl. Staatsarchiv Hamburg, 133-1 II Staatsarchiv II, Nr. 63: 1394/1942, Verzeichnis der 1. Ablieferung des JRV vom 6.12.1938. Es handelte sich dabei um 201 Akten der deutsch-israelitischen Gemeinde, Geburten-, Heirats- und Sterberegister, vgl. Staatsarchiv Hamburg, 133-1 II Staatsarchiv II, Nr. 42: 18/1939 Jahresbericht der Magazinverwaltung für das Jahr 1938 vom 12.1.1939 von Heinrich Szeppat.

[390] Staatsarchiv Hamburg, 133-1 II Staatsarchiv II, Nr. 34: 23572/1938, Schreiben von Heinrich Reincke an das Stadtarchiv Frankfurt vom 10.12.1938.

der laufenden Arbeit. Reincke antwortete nach Frankfurt, dass die Register „zur weiteren Aufbewahrung [in das Archiv, Anm. d. Verf.] überführt worden [seien], insbesondere auch aus dem Gesichtspunkt heraus, auch fernerhin die ungestörte und zuverlässige Ausstellung von Auszügen aus den Registern zu gewährleisten".[391] Reincke ging davon aus, dass bald zusätzlich die übrigen Archivalien der Gemeinde in das Archiv gelangen würden.[392] Wie bei dem Antrag an die Gestapo, die Archivalien zu übergeben, wird auch in diesem Schreiben deutlich, dass es Reincke offenbar nicht um die Überlieferung der jüdischen Archivalien aufgrund von deren besonderem Rechtscharakter oder historischem Wert ging, sondern um die Ausstellung der Ariernachweise und die Eintragung der Zwangsnamen zur Diskriminierung der Juden. Ob dies nun auch der einzige Grund für Reincke war, ist nicht mehr festzustellen. Vielleicht war dies für ihn nur einer von vielen Gründe, die Quellen ins Archiv zu überführen, von dem er aber wusste, dass er die Gestapo am ehesten überzeugen würde.

Es wurden jedoch nicht alle von der Gestapo beschlagnahmten jüdischen Register an das Hamburger Archiv abgegeben. Kennzeichnend für die Zeit hinsichtlich der jüdischen Archivalien ist deutschlandweit eine große Unsicherheit über deren Verbleib. Für die Register der portugiesisch-jüdischen Gemeinde gilt dies auch für Hamburg. Auf Nachfrage des Standesamts 3 a aus Hamburg muss Kellinghusen im April 1939 mitteilen, dass das Archiv keine Informationen über den Verbleib der Archivalien habe. Vermutlich seien sie bei der Gestapo oder in Händen des Sicherheitsdienstes der SS.[393]

Die Ablieferung von Archivalien des JRV über den Umweg der Gestapo nach der Reichspogromnacht war die erste von insgesamt mindestens acht Ablieferungen von Akten. Als sechste Ablieferung wurden, wiederum von der Gestapo, am 27. August 1942 Archivalien der Talmud-Tora-Schule an das Archiv abgegeben.[394] Am 29. April 1942 hatte Kaufmann verfügt, dass Kinder nicht mehr in den jüdischen Schulen zu unterrichten seien, am

[391] Ebd.

[392] Ebd.

[393] Staatsarchiv Hamburg, 133-1 II Staatsarchiv II, Nr. 43: 6363/1939, Schreiben von Hans Kellinghusen an das Standesamt 3 a vom 22.4.1939.

[394] Staatsarchiv Hamburg, 133-1 II Staatsarchiv II, Nr. 62: 1089/1942, Aktennotiz von Conrad Etienne an Hans Kellinghusen vom 15.9.1942.

30. Juni 1942 mussten alle jüdischen Schulen schließen.[395] Nachdem die Schulbehörde der Gestapo mitgeteilt hatte, dass sie keine Verwendung für die Akten der Talmud-Tora-Schule habe, wurden diese dem Archiv angeboten.[396] Reincke antwortete an die Gestapo: „Das Archiv besitzt zur Ergänzung der hier bereits vorhandenen Judenakten das größte Interesse an allen Aufzeichnungen über die Geschichte dieser Schule und ihren Unterrichtsbetrieb, vor allem aber über ihre Lehrer und Schüler."[397] Auch an dieser Stelle scheint es Reincke vor allem um die Sicherung der Quellen für die Ausstellung der Abstammungsnachweise gegangen zu sein. Diese Ablieferung wie auch die erste Ablieferung nach der Reichspogromnacht wurden im Archiv als Ablieferung des JRV bezeichnet.

Die übrigen Archivalien des JRV wurden offenbar freiwillig abgeliefert. Die größte Menge an Archivalien, soweit in den Geschäftsakten ersichtlich, bot der JRV dem Archiv am 22. Juli 1942 an. Anlass dazu war ein stattfindender Umzug des JRV, der genutzt wurde, um nicht mehr benötigte Akten auszusortieren. Hinzu kam, dass nur eine Woche vorher die letzte große Deportation von hamburgischen Juden stattgefunden hatte. Dementsprechend heißt es in dem Schreiben vom 22. Juli 1942 von Lippmann:

> „Infolge der Abwanderung zahlreicher Juden aus Hamburg und der wesentlichen Verkleinerung der verbleibenden jüdischen Gemeinde werden viele Akten wieder entbehrlich. Abgesehen von den Akten, die für die Familienforschung von Bedeutung sind, werden auch zahlreiche Akten von geschichtlicher Bedeutung hier entbehrlich werden.
>
> Es wird um gefl. Mitteilung gebeten, ob das Stadtarchiv in gleicher Weise wie früher die in Frage kommenden Akten in Verwahrung zu nehmen bereit ist. Es fehlt uns, nachdem auch Herr Dr. Nathan jetzt Hamburg verlassen hat, an geeigneten Kräften, um die in Frage kommenden Akten im einzelnen zu inventarisieren. Es wird evtl. um gefl.

---

395 Ursula Randt: Die Talmud Tora Schule in Hamburg 1805 bis 1942, München, Hamburg 2005, S. 184.

396 Staatsarchiv Hamburg, 133-1 II Staatsarchiv II, Nr. 62: 899/1942, Schreiben der Schulverwaltung an das „Judenreferat" der Gestapo vom 1.8.1942.

397 Staatsarchiv Hamburg, 133-1 II Staatsarchiv II, Nr. 62: 899/1942, Schreiben von Heinrich Reincke an das „Judenreferat" der Gestapo vom 13.8.1942.

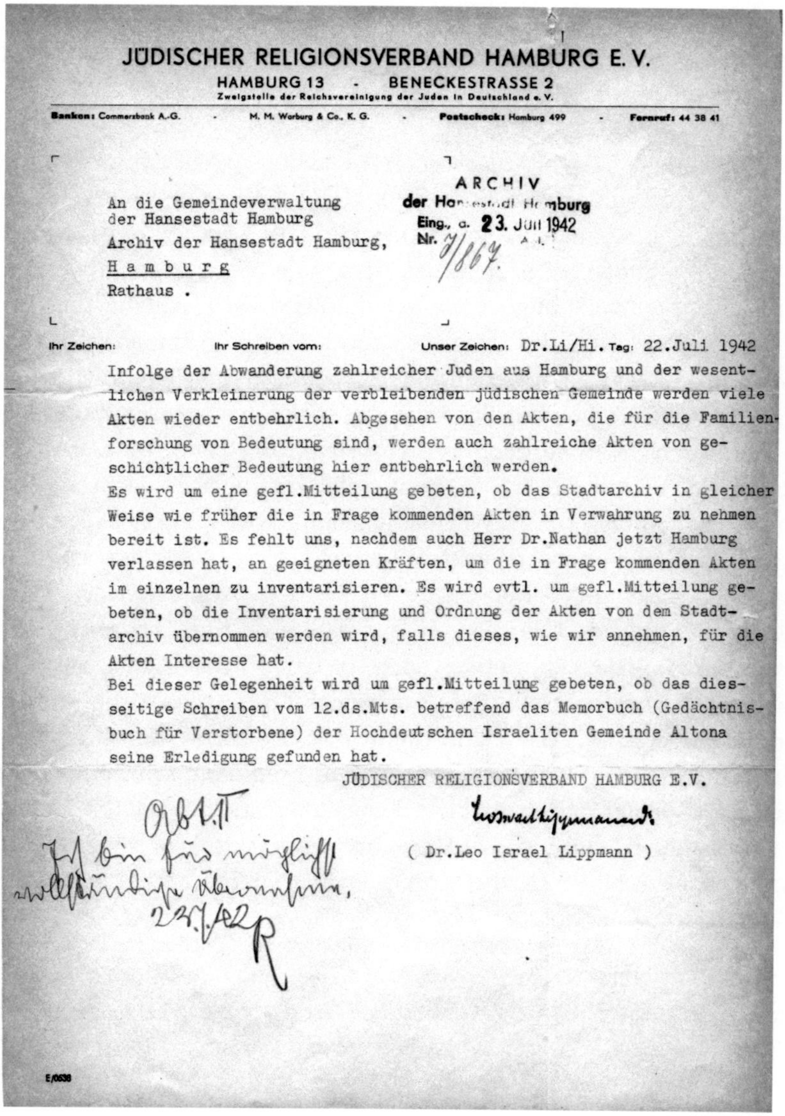

JÜDISCHER RELIGIONSVERBAND HAMBURG E. V.
HAMBURG 13 - BENECKESTRASSE 2
Zweigstelle der Reichsvereinigung der Juden in Deutschland e. V.
Banken: Commerzbank A.-G. - M. M. Warburg & Co., K. G. - Postscheck: Hamburg 499 - Fernruf: 44 38 41

An die Gemeindeverwaltung
der Hansestadt Hamburg
Archiv der Hansestadt Hamburg,
H a m b u r g
Rathaus .

ARCHIV der Hansestadt Hamburg
Eing., a. 23. Juli 1942
Nr. 7/867.

Ihr Zeichen: Ihr Schreiben vom: Unser Zeichen: Dr.Li/Hi. Tag: 22.Juli 1942

Infolge der Abwanderung zahlreicher Juden aus Hamburg und der wesentlichen Verkleinerung der verbleibenden jüdischen Gemeinde werden viele Akten wieder entbehrlich. Abgesehen von den Akten, die für die Familienforschung von Bedeutung sind, werden auch zahlreiche Akten von geschichtlicher Bedeutung hier entbehrlich werden.
Es wird um eine gefl.Mitteilung gebeten, ob das Stadtarchiv in gleicher Weise wie früher die in Frage kommenden Akten in Verwahrung zu nehmen bereit ist. Es fehlt uns, nachdem auch Herr Dr.Nathan jetzt Hamburg verlassen hat, an geeigneten Kräften, um die in Frage kommenden Akten im einzelnen zu inventarisieren. Es wird evtl. um gefl.Mitteilung gebeten, ob die Inventarisierung und Ordnung der Akten von dem Stadtarchiv übernommen werden wird, falls dieses, wie wir annehmen, für die Akten Interesse hat.
Bei dieser Gelegenheit wird um gefl.Mitteilung gebeten, ob das diesseitige Schreiben vom 12.ds.Mts. betreffend das Memorbuch (Gedächtnisbuch für Verstorbene) der Hochdeutschen Israeliten Gemeinde Altona seine Erledigung gefunden hat.

JÜDISCHER RELIGIONSVERBAND HAMBURG E.V.
Leo Israel Lippmann
(Dr.Leo Israel Lippmann)

Abt. II
Ich bin für möglichst vollständige Übernahme,
23.7.42 R

E/0638

Abb. 7: Schreiben von Leo Lippmann an das Staatsarchiv Hamburg vom 22. Juli 1942

> Mitteilung gebeten, ob die Inventarisierung und Ordnung der Akten von dem Stadtarchiv übernommen werden wird, falls dieses, wie wir annehmen, für die Akten Interesse hat."[398]

In der Tat hatte das Archiv reges Interesse an den Akten. Reincke vermerkte einen Tag später unter dem Schreiben: „Ich bin für möglichst vollständige Übernahme."[399] Dementsprechend beantwortete Kellinghusen das Schreiben des JRV dahingehend, dass das Archiv gern bereit sei, „die dort entbehrlichen Akten auch ungeordnet zu übernehmen".[400] Auf Nachfrage wird von Kellinghusen bestätigt, dass auch Fotografien von Personen, die für die Gemeinde oder sonst eine Bedeutung erlangt hätten, willkommen wären.[401]

Der Ton von Lippmanns Schreiben ist sehr vorsichtig. Es musste jederzeit damit gerechnet werden, dass von staatlicher Seite weitere Akten beschlagnahmt würden. Der JRV stand unter ständiger Bewachung der Gestapo, was auch Lippmanns Wortwahl beeinflusste, wenn er beispielsweise schrieb, Dr. Nathan habe „Hamburg verlassen".[402] Außerdem erklärte Lippmann, dass diejenigen Akten übersandt würden, „von denen wir glauben, dass ein öffentliches Interesse an der Aufbewahrung besteht".[403] Es erscheint paradox, dass ihm etwas an einer Öffentlichkeit lag, in der Juden diskriminiert wurden. Dem JRV und speziell Lippmann wird es um die Sicherung der eigenen Akten und damit der Geschichte der jüdischen Gemeinde in Hamburg gegangen sein. Indem Lippmann schrieb, den Akten liege seiner Meinung nach ein öffentliches Interesse zugrunde, versuchte er die Chance zu erhöhen, dass das Archiv diese Akten auch wirklich übernahm. Diese Vermutung wird durch einen weiteren Brief Lippmanns zu

398 Staatsarchiv Hamburg, 133-1 II Staatsarchiv II, Nr. 62: 867/1942, Schreiben von Leo Lippmann an das Staatsarchiv vom 22.7.1942.

399 Staatsarchiv Hamburg, 133-1 II Staatsarchiv II, Nr. 62: 867/1942, Vermerk Heinrich Reinckes vom 23.7.1942.

400 Staatsarchiv Hamburg, 133-1 II Staatsarchiv II, Nr. 62: 867/1942, Schreiben von Hans Kellinghusen an Leo Lippmann vom 24.7.1942.

401 Ebd.

402 Dr. Nathan Max Nathan war am 15.7.1942 nach Theresienstadt deportiert worden und wurde nach dem Oktober 1944 in Auschwitz ermordet, vgl. Gedenkbuch, S. 305.

403 Staatsarchiv Hamburg, 133-1 II Staatsarchiv II, Nr. 62: 867/1942, Schreiben von Leo Lippmann an das Archiv vom 26.9.1942.

der Ablieferung bestätigt, in dem er schrieb: „Wir erklären uns selbstverständlich damit einverstanden, daß die Akten und Aktenteile, die dortseits als nicht der Aufbewahrung wert erachtet werden oder die doppelt vorhanden sind, vernichtet werden."[404] Die Garantie, dass das Archiv mit den Akten des JRV genauso verfahren dürfe wie mit staatlichem Schriftgut, wird vor dem Hintergrund gegeben worden sein, dass damit eine Übernahme der Akten wahrscheinlicher wurde.

Die Anbietung an das Archiv resultierte wohl daraus, dass es keine Alternativen gab. Sei es angesichts der Gefahr der Beschlagnahmung und/oder Zerstörung durch die Gestapo oder ähnliche Organisationen, sei es angesichts der Gefahr der Zerstörung durch Luftangriffe: Die Akten waren im Archiv am sichersten aufbewahrt.

Als sich in den Akten eines der deportierten Mitglieder des JRV, Aron Luria, ein Schreiben fand, das eine Ergänzung zu den Geburts- und Sterberegistern der früheren portugiesisch-jüdischen Gemeinde Altonas darstellte, übersandte Lippmann es dem Archiv mit der Anmerkung: „Ich erlaube mir, von diesem Schreiben Kenntnis zu geben in der Annahme, daß das Archiv es für im öffentlichen Interesse liegend erachtet, möglichst alle für Abstammungsfragen in Betracht kommenden Personenstandsregister bei sich zu vereinen."[405] Lippmann wird sich bewusst gewesen sein, welche Rolle die Ariernachweise und die damit verbundenen „Abstammungsfragen" spielten. Auch die Folgen der Deportationen werden Lippmann, spätestens nachdem von dem 1941 nach Riga deportierten Oberrabiner Joseph Carlebach keine Schreiben mehr an seine Gemeinde kamen, zumindest in Grundzügen klar gewesen sein.[406] Seine Gründe für die Weitergabe dieses Schreibens bleiben daher unklar.

Die letzte Ablieferung des JRV erfolgte Ende des Jahres 1942. Nach der 10. Verordnung zum Reichsbürgergesetz wurde der JRV am 6. November 1942 in die Reichsvereinigung der Juden in Deutschland eingegliedert und hörte damit auf zu bestehen. Ende Dezember 1942 wurden die letzten Vorstandsprotokolle zusammen mit der Eingliederungsverfügung an das Ar-

[404] Ebd.

[405] Staatsarchiv Hamburg, 133-1 II Staatsarchiv II, Nr. 62: 867/1942, Schreiben von Leo Lippmann an das Archiv vom 29.9.1942.

[406] Lorenz: Ein deutscher Jude, S. 133. Carlebach war 1942 in Riga gestorben.

chiv abgegeben. In dieser Ablieferung fand sich auch ein Bericht über die letzten Jahre des JRV bis Ende 1941 und die Fertigstellung eines weiteren Berichts für das Jahr 1942 wurde angekündigt.[407] Diese Berichte, der zweite Bericht wurde am 9. Februar 1943 von Lippmann persönlich in das Archiv verbracht[408], bilden eine wichtige Quellengrundlage für die Geschichte des Verbandes.[409] Schon Ende 1947 wurden sie für die Aufarbeitung der Verfolgung der Juden in Hamburg als Quelle herangezogen.[410]

Lippmann vertraute dem Archiv auch seine privaten Aufzeichnungen an. Wann er damit begonnen hatte, ist anhand der Geschäftsakten nicht nachzuvollziehen. Im August 1937 übersandte er dem Archiv Teile seiner Lebenserinnerungen.[411] Ein von Kellinghusen angelegtes Verzeichnis zeigt, dass ein Großteil des privaten Nachlasses zum 11. Februar 1941 von Lippmann abgegeben wurde. So tauschte er bereits überreichte Durchschläge gegen Originale aus und übergab ein Exemplar seiner Autobiographie „Mein Leben und meine amtliche Tätigkeit 1906–1933"[412]. Außerdem wurden auch hier die beiden Berichte über die Geschichte des JRV überliefert.[413] 1943 übergab Lippmann dem Archiv zusammen mit dem zweiten Bericht, den er selber verfasst hatte, auch noch eine 80-seitige Schrift über seine Er-

---

407 Staatsarchiv Hamburg, 133-1 II Staatsarchiv II, Nr. 63: 1394/1942, Schreiben vom JRV, unterzeichnet von Max Plaut und Leo Lippmann, vom 24.12.1941.

408 Staatsarchiv Hamburg, 133-1 II Staatsarchiv II, Nr. 63: 1394/1942, Aktenvermerk von Hans Kellinghusen vom 10.2.1943.

409 Veröffentlicht in: Leo Lippmann: „... dass ich wie ein guter Deutscher empfinde und handele". Zur Geschichte der Deutsch-Israelitischen Gemeinde in Hamburg in der Zeit vom Herbst 1935 bis zum Ende 1942 – Zwei Berichte, hrsg. anlässlich des 50. Todestages von Staatsrat a. D. Dr. Leo Lippmann am 10. Juni 1993 von der Finanzbehörde Hamburg, Hamburg 1993.

410 Staatsarchiv Hamburg, 131-1 II Senatskanzlei – Gesamtregistratur II, Nr. 766: Tätigkeitsbericht vom 7.11.1947 [erstellt von Hans Kellinghusen], Bl. 39.

411 Staatsarchiv Hamburg, 133-1 II Staatsarchiv II, Nr. 64: 144/1943, Schreiben von Leo Lippmann vom 5.8.1937.

412 Auf Anraten Jürgen Bollands, Möllers Nachfolger als Archivdirektor, wurde Lippmanns Autobiographie 1964 vom VHG herausgegeben: Leo Lippmann: Mein Leben und meine amtliche Tätigkeit. Erinnerungen und ein Beitrag zur Finanzgeschichte Hamburgs, aus dem Nachlass hrsg. von Werner Jochmann (Veröffentlichungen des Vereins für Hamburgische Geschichte, 19), Hamburg 1964.

413 Staatsarchiv Hamburg, 133-1 II Staatsarchiv II, Nr. 64: 144/1943, Verzeichnis von Hans Kellinghusen über den Familiennachlass Lippmann [ohne Datum].

innerungen 1933 bis 1943 und ein Fotoalbum. Insgesamt finden sich 14 Archivalien auf dieser Liste von Kellinghusen, die anscheinend im Februar 1943 nach Lippmanns letzter persönlicher Ablieferung geschlossen worden war. Auffällig dabei ist, dass bei der undatierten Liste nur bei der vorletzten Nummer von den Erinnerungen von „Leo Israel Lippmann" die Rede ist. Selbst in dem Vermerk Kellinghusens, dass Aufzeichnungen 1943 in Verwahrung genommen wurden, wurde der Überbringer als „Dr. Leo Lippmann" beschrieben.[414] Seit 1939 aber war der Zweitname „Israel" für jüdische Jungen und Männer obligatorisch und musste immer angegeben werden.

Die Motive für die Abgabe seiner privaten Aufzeichnungen werden für Lippmann ähnliche gewesen sein wie bei der Übergabe der Akten des JRV. Vor allem wird der Wunsch nach Sicherung im Vordergrund gestanden haben, gepaart mit der Alternativlosigkeit zum Staatsarchiv. Von den Archivaren wurde die Ablieferung, soweit ersichtlich, mit derselben Sorgfalt behandelt, wie bei einem nicht-jüdischen Nutzer. Gemäß den archivfachlichen Richtlinien wurde der private Nachlass als Depositum behandelt und mit Lippmann wurde eine Sperrfrist vereinbart.[415]

Was andere jüdische Archivalien Hamburgs betraf, wurde das Archiv schon früh damit beauftragt, sich über deren Verbleib zu informieren. Mitte 1939 gab es einen ersten Erlass auf Reichsebene. Darin wurde das Archiv zum Sachverständigen für das Reichsinnenministerium in Sachen jüdischen Archivguts in Hamburg ernannt.[416] Zu den Aufgaben gehörte zum einen die Einziehung von Erkundigungen über in jüdischer Hand befindliches Archivgut und zum anderen die Sicherung jüdischen Archivguts vor der Mitnahme durch die vermehrte „Abwanderung". Ab 1933 wanderten immer mehr Juden aus und die NS-Regierung legte nun verstärkt durch den Beginn der Deportationen Wert darauf, dass „deutsches Kulturgut" vor der Mitnahme „geschützt" wurde.

Durch die immer schwierigere Lage der jüdischen Bevölkerung suchten einige Juden ihre finanzielle Situation durch Veräußerung wertvoller Be-

---

[414] Ebd.

[415] Staatsarchiv Hamburg, 133-1 II Staatsarchiv II, Nr. 64: 144/1943, Schreiben von Leo Lippmann vom 5.8.1937.

[416] Staatsarchiv Hamburg, 133-1 II Staatsarchiv II, Nr. 43: 10995/1939, Erlass des Reichsministers für Wissenschaft, Erziehung und Volksbildung vom 15.5.1939.

sitztümer zu verbessern. Die Reichskammer für bildende Künste sprach dem Archiv beispielsweise das Erstkaufrecht an der Sammlung von Paul Rappolt zu. Reincke äußerte sich dahingehend, dass an einer gesamten Übernahme der Hamburgensien-Sammlung kein Interesse bestünde, da es sich um im Archiv bereits vorhandene Doppelstücke handeln würde. Es bestand jedoch Interesse an wichtigen Originalstücken, die dann auch käuflich erworben wurden.[417] Im Juli 1950 wurde nach zweijährigen Verhandlungen eine Entschädigung an die Hinterbliebenen der Familie Rappolt gezahlt.

Die wichtigsten jüdischen Archivalien, wie bereits dargestellt, waren die jüdischen Register über Geburten, Hochzeiten und Sterbefälle. Die RfS, später in Reichssippenamt (RSA) umbenannt, plante ab 1939 die Vereinigung all dieser Register in einer Zentralstelle für jüdische Personenstandsregister. Anfang 1943 war diese Aufgabe für das „Altreich" nahezu abgeschlossen bis auf wenige Ausnahmen, zu denen Hamburg gehörte.[418] Dementsprechend erging an das Hamburger Archiv der Auftrag des RSA, eine Liste aller dort befindlichen „Judenregister" zu übersenden.[419] Dafür mussten letzte Unklarheiten bereinigt werden. Reincke schrieb Ende 1942 an die Gestapo in Hamburg: „Durch das Reichssippenamt wird mir mitgeteilt, daß in Wandsbek jedenfalls im Jahre 1912, wahrscheinlich aber auch noch später, ein Missionshaus Bethel bestanden habe, welches sich im wesentlichen mit Judentaufen befaßt haben müsse. Ich wäre dankbar für eine Auskunft, ob dort etwas über dieses Missionshaus und insbesondere über den Verbleib seiner Taufbücher bekannt ist."[420] Die Gestapo meldete zurück, dass die Taufbücher sich in der Tat in ihrem Besitz befänden und man beabsichtige, sie dem RSA zur Verfügung zu stellen.[421]

---

[417] Staatsarchiv Hamburg, 133-1 II Staatsarchiv II, Nr. 60: 42/1942, Schreiben von Heinrich Reincke an die Verwaltung für Kunst und Kulturangelegenheiten vom 7.1.1942.

[418] Staatsarchiv Hamburg, 133-1 II Staatsarchiv II, Nr. 64: 37/1943, Schreiben von Ernst Kayser vom RSA vom 19.2.1943.

[419] Staatsarchiv Hamburg, 133-1 II Staatsarchiv II, Nr. 64: 37/1943, Schreiben von Heinrich Reincke an Ernst Kayser vom 12.1.1943.

[420] Staatsarchiv Hamburg, 133-1 II Staatsarchiv II, Nr. 64: 140/1943, Schreiben von Heinrich Reincke an die Gestapo Hamburg vom 29.12.1942.

[421] Staatsarchiv Hamburg, 133-1 II Staatsarchiv II, Nr. 64: 140/1943, Schreiben von der Gestapo an Heinrich Reincke vom 9.2.1943.

Außerdem forderte das RSA vom Archiv die Übersendung der vorhandenen Zweitschriften zu den Registern bzw. eine „fotografische Vervielfältigung“[422] der Register, von denen keine Zweitschriften vorhanden waren. Da Berichtigungen jedoch nur in den Erstschriften vorgenommen wurden, musste erst ein Vergleich der Zweitschriften mit den Erstschriften vorgenommen werden, wofür es dem Archiv Anfang 1943 an Zeit und Personal mangelte.[423] Kellinghusen hielt eine Fertigstellung dieser Arbeit in zwei bis drei Jahren für realistisch. Er meldete dem RSA, dass die Verfilmung hingegen sofort vorgenommen werden könnte, wenn das RSA den dafür erforderlichen Rohfilm schicke.[424] Am 29. Mai 1943 wurden die Filme zurück an das RSA nach Berlin gesandt, bereits am 6. April 1943 folgten die Zweitschriften. Anscheinend war auf den Vergleich der Zweitschriften mit den Erstschriften verzichtet worden.

Das RSA war vor allem an der Sicherung der jüdischen Register interessiert. Mit dem einsetzenden Luftkrieg war es jedoch für das Archiv auch wichtig über den Verbleib vor allem der wesentlichen, in jüdischem Besitz befindlichen Archivalien Bescheid zu wissen. Das Hamburger Archiv wurde von dem bereits erwähnten Hans Hertz über die Situation der jüdischen Archivalien auf dem Laufenden gehalten. Hertz, der im Archiv gearbeitet hatte und auch in Verbindung zum JRV stand, informierte Reincke, dass die Luftangriffe während der „Operation Gomorrha“ der Übernahme „geschichtlich besonders wertvoller und gänzlich unersetzlicher Archivalien“[425] aus dem Gebäude der JRV in der Beneckestraße 2/4 durch das Archiv zuvorgekommen seien.

Hans Wilhelm Hertz (1903–1993) war, nachdem er 1934 wohl wegen seines jüdischen Urgroßvaters nicht in den Dienst des Staatsarchivs übernommen worden war, als Rechtsanwalt tätig. Er war der jüdischen Gemeinde

[422] Staatsarchiv Hamburg, 133-1 II Staatsarchiv II, Nr. 64: 37/1943, Schreiben von Ernst Kayser vom 15.1.1943 und vom 19.2.1943.

[423] Staatsarchiv Hamburg, 133-1 II Staatsarchiv II, Nr. 64: 37/1943, Schreiben von Hans Kellinghusen an Ernst Kayser vom 22.1.1943 und vom 27.2.1943.

[424] Staatsarchiv Hamburg, 133-1 II Staatsarchiv II, Nr. 64: 37/1943, Schreiben von Hans Kellinghusen an Ernst Kayser vom 27.2.1943.

[425] Staatsarchiv Hamburg, 133-1 II Staatsarchiv II, Nr. 65: 645/1943, Schreiben von Hans Hertz an Heinrich Reincke vom 7.10.1943.

verbunden, obwohl er selber nicht jüdisch war. Zu Kriegszeiten initiierte er unter anderem das Fotografieren des jüdischen Friedhofs von Ottensen.[426] Die NS-Führung plante dort den Bau eines Bunkers, weswegen der JRV sich angesichts der bevorstehenden Zerstörung um die fotografische Dokumentation des Friedhofes bemühte. Die Grabsteine boten dabei eine wichtige Quelle für die Feststellung von jüdischen Abstammungen. Bereits 1934 erwähnte Hertz, noch im Dienst des Staatsarchivs, diesen Wert gegenüber Rudolf Kummer, dem Beauftragten des SfR: „Eine Erhaltung des Denkmälerbestandes der erwähnten Friedhöfe erscheint demnach im Interesse der Erforschung der Herkunft der Bevölkerung des Deutschen Reiches als wünschenswert."[427] Auch das RSA war sich der Bedeutung dieser Grabsteine bewusst und hatte Kenntnis von der Dokumentation der jüdischen Friedhöfe. Dementsprechend erkundigten es sich Anfang 1942 beim Archiv, wo die Filme aufbewahrt würden und welchen Umfang sie hätten. Reincke konnte darauf nur antworten, dass die Aufnahmen der jüdischen Friedhöfe in Hamburg und Altona unter der selbständigen Leitung von Hertz geschähen. Die Gelder dafür seien wohl von jüdischer Seite zur Verfügung gestellt worden, wobei Reincke keine näheren Informationen zu den Filmen weitergeben konnte.[428] Interessant ist hierbei, dass Hertz trotz der scheinbar engen Zusammenarbeit Reincke nicht informierte und anders herum auch Reincke, laut eigener Aussage in der Antwort an das RSA, kein Interesse an dem Projekt hatte.[429] Im Widerspruch dazu steht eine Aussage von Max Plaut aus dem Jahr 1973, dass das Staatsarchiv die Filme mit den Fotografien von jüdischen Friedhöfen aufgrund des Wertes für die Ausstellung von

[426] Zu den genauen Vorgängen s.: Ina Lorenz, Jörg Berkemann: Streitfall jüdischer Friedhof Ottensen. Wie lange dauert Ewigkeit, Bd. 1: Chronik (Studien zur jüdischen Geschichte, 1), Hamburg 1995, besonders S. 149–159. Hertz war auch bei der Dokumentation anderer Friedhöfe beteiligt, siehe beispielsweise: Zerstört die Erinnerung nicht. Der jüdische Friedhof Königstraße in Hamburg, hrsg. von Michael Studemund-Halévy und Gaby Zürn, 3. erw. Aufl., Hamburg, München 2010, S. 49–52.

[427] Staatsarchiv Hamburg, 133-1 II Staatsarchiv II, Nr. 5: 4994/1933, Schreiben von Hans Hertz, unterzeichnet von Heinrich Reincke, an Rudolf Kummer vom 28.2.1934.

[428] Staatsarchiv Hamburg, 133-1 II Staatsarchiv II, Nr. 60: 65/1942, Schreiben von Heinrich Reincke an das RSA vom 15.1.1942. Zum Ende dieses Schreibens erwähnte Reincke noch, dass Hertz als Nachfahre des jüdischen Reeders Abraham Jakob Hertz nach Berufsbeamten- und Reichsbürgergesetz als Arier gelte. Der richtige Name des Reeders lautete Adolph Jakob Hertz.

[429] Ebd.

Ariernachweisen in seinen Besitz genommen habe.[430] Letzteres würde eher Reinckes bereits festgestellten Handlungsweisen entsprechen, lässt sich jedoch anhand der Quellen nicht belegen.

Hertz' eigene Rolle und seine Beweggründe bleiben undurchsichtig. So war er Hilfsrichter am Amtsgericht und bezeichnete sich auch als Mitarbeiter des RIGD.[431] Angeblich geschah dieser Eintritt 1943 jedoch nur um die Dokumentation der Friedhöfe, ein Projekt, das vom Reichsinstitut reichsweit verfolgt wurde, voranzutreiben.[432] In der Nachkriegszeit setzte er sich für die jüdische Bevölkerung ein und wirkte bei der Gründung einer Arbeitsgemeinschaft für die Geschichte der Juden in Hamburg mit, aus der 1963/64 das Institut für die Geschichte der deutschen Juden hervorging.[433] Eine nähere Befassung mit der nur schwer zu durchschauenden Person Hans Hertz' und seinen Motive steht jedoch noch aus.

Von den Hamburger Archivaren wurde schon früh der Mythos geprägt, sie hätten zu der „Rettung" der jüdischen Archivalien beigetragen. Ihnen sei es zu verdanken, dass die Archivalien nicht, wie in so vielen anderen Städten, durch die Beschlagnahmung durch polizeiliche Behörden oder die Folgen des Krieges verschollen blieben oder vernichtet wurden. Dies ist insofern wahr, als durch die Überführung der Archivalien ins Archiv wertvolle Quellen für die Geschichte der jüdischen Gemeinden in Hamburg gesichert werden konnten und den Krieg nahezu unbeschadet überstanden. Die Gründe für die Überführung der Archivalien werden dabei aber nicht erwähnt: Die Übernahme diente der Ermöglichung der laufenden antisemitischen Arbeit und unterstützte damit die Politik der Nationalsozialisten.

---

430 Staatsarchiv Hamburg, 731-1 Handschriftensammlung, Nr. 1874: Niederschrift eines auf Tonband aufgenommenen Interviews von Christel Riecke mit Dr. Max Plaut vom März 1973, zitiert nach: Sielemann: Die personenkundliche Abteilung, S. 156.

431 Staatsarchiv Hamburg, 133-1 II Staatsarchiv II, Nr. 65: 645/1943, Schreiben von Hans Hertz an Heinrich Reincke vom 7.10.1943.

432 Sielemann: Die personenkundliche Abteilung, S. 157 f.

433 Gunnar Zimmermann: Art. Hertz, Hans W., in: Hamburgische Biografie. Personenlexikon, Bd. 6, hrsg. von Franklin Kopitzsch und Dirk Brietzke, Hamburg 2012, S. 125–127, hier: S. 127.

5. Das Hamburger Archiv im Zweiten Weltkrieg

In nahezu allen Archiven hatte der Zweite Weltkrieg große Auswirkungen auf den Bestand. Durch verschiedenste Kriegseinwirkungen, vor allem durch die Bombardierungen und deren Folgen, wurden Archivalien zerstört. Das Staatsarchiv Hamburg ist in dieser Hinsicht nahezu vollkommen verschont geblieben. Grund dafür waren die getroffenen Vorkehrungen bei der Sicherung des Magazins sowie das Glück, dass das Hamburger Rathaus, und damit das Archiv, trotz Bombentreffer nicht abbrannte. Die Maßnahmen zur Sicherung der Bestände bestanden in den Anfangsjahren in der baulichen Verstärkung der Schwachstellen des Magazins und im Laufe des Krieges in der Auslagerung der Archivalien innerhalb Hamburgs und auch außerhalb. Dies alles musste mit einem verringerten Personalbestand durchgeführt werden.

5.1 Personal im Zweiten Weltkrieg

Der Beginn des Zweiten Weltkriegs machte sich in der hamburgischen Verwaltung und damit im Archiv sofort bemerkbar. Bereits am 26. August 1939 war der erste Archivmitarbeiter zum Wehrdienst eingezogen worden, von Lehe folgte einen Tag später.[434] Bis Mitte September 1939 waren bereits fünf Mitarbeiter zum Wehrdienst abgestellt. Der größte Wegfall an Arbeitskräften für das Archiv kam jedoch durch die Umstellung der Verwaltung auf den Krieg. Reincke musste seine Mitarbeiter im Rahmen der „Vereinfachung der Verwaltung"[435] an kriegswichtige Behörden wie das Ernährungsamt oder die Organisationsverwaltung abgeben. Am 11. September 1939 hatte Reincke bereits einen Plan ausgefertigt, der eine Einsparung von knapp 75 Prozent des Personals vorsah. Er schlug vor, dass 15 von 19 Mitarbeiter der Registratur und des Magazins eingespart werden könnten. Von

[434] Staatsarchiv Hamburg, 133-1 II Staatsarchiv II, Nr. 44: 16480/1939 Schreiben von Karl Kortes an die Lohn- und Gehaltskasse vom 15.9.1939.

[435] Der Erlass des Führers vom 28.8.1939 über die Vereinfachung der Verwaltung besagte u. a., dass alle mit der Reichsverteidigung verbundenen Aufgaben Vorrang hätten, vgl. RGBl. I, 1939, S. 1535, Art. 2.

23 Mitarbeitern, die Personenforschung für Staat, Partei und Private erledigen, könnte auf 19 Mitarbeiter verzichtet werden.[436] Nicht einmal zwei Monate später, bereits die Hälfte des Personals war in anderen Behörden beschäftigt, musste er diesen Plan revidieren. Mit Kriegsbeginn hatten die Anfragen auf Ausstellung von Ariernachweisen nachgelassen, was jedoch nur von kurzer Dauer gewesen war, so dass wieder mehr Personal benötigt wurde. Das Archiv brauchte außerdem Personal für die Sicherung der Archivalien im Rahmen der ersten Überführung von Archivalien in die Börse aus Luftschutzgründen. Zudem weigerte sich Reincke, weiteres Personal abzugeben, „solange nicht andere Dienststellen ähnlichen Charakters ein Gleiches tun".[437]

Dabei gab es Gerüchte über eine Schließung des Archivs. In dem Protokoll einer Besprechung mit Bürgermeister Krogmann vom 18. September 1939 wurde festgehalten, dass das Archiv im Notfall geschlossen werden könne und damit die Mitarbeiter an anderer Stelle eingesetzt werden könnten. Reincke protestierte gegen die Richtigkeit des Protokolls. Es sei besprochen worden, dass das Archiv im äußersten Notfall weiteres Personal abgeben könne, eine Schließung sei jedoch nicht praktikabel, da das Archiv für die Ausstellung der Abstammungsnachweise für militärische Beförderungen gebraucht werde.[438]

Solche Gerüchte über eine Schließung gelangten bis nach Bremen. Dem dortigen Archivdirektor Friedrich Prüser wurde nahegelegt, sein Archiv zu schließen, wie es in Hamburg bereits geschehen sei. Reincke antwortete, auf Prüsers Nachfrage, das Archiv sei „keineswegs geschlossen, wird auch nicht geschlossen werden". Es seien bereits viele Mitarbeiter an andere Stellen abgegeben und nach Erledigung der „sehr schwierigen Luftschutzmaßnahmen" könnten mit einem Restpersonal von zehn Personen die wichtigsten Aktenanforderungen und Personenstandssachen erledigt werden.[439] Die Schließung sei jedoch nicht vorgesehen. Aufgrund des Personalmangels mussten allerdings die Öffnungszeiten verkürzt werden. Anstatt

---

[436] Staatsarchiv Hamburg, 133-1 II Staatsarchiv II, Nr. 44: 16454/1939, Tabelle vom 11.9.1939.

[437] Staatsarchiv Hamburg, 133-1 II Staatsarchiv II, Nr. 44: 16484/1939, Schreiben von Heinrich Reincke an die Organisationsabteilung vom 24.10.1939.

[438] Staatsarchiv Hamburg, 133-1 II Staatsarchiv II, Nr. 44: 16454/1939, handschriftliche Anmerkung Heinrich Reinckes vom 2.11.1939.

an sechs Tagen der Woche hatte das Archiv nun nur noch an drei Tagen geöffnet. Da die Luftschutzmaßnahmen für die Archivalien jedoch immer weiter verschärft werden mussten, konnte der Plan mit dem Restpersonal von zehn Personen nicht durchgeführt werden.

Im Laufe des Krieges wurde das Alter der für den Dienst in der Wehrmacht tauglichen Männer immer weiter heraufgesetzt. Dementsprechend stieg das durchschnittliche Alter der Männer, die noch in der Verwaltung tätig waren. Im April 1943 waren die Archivmitarbeiter im Durchschnitt 51 Jahre alt, von den verbliebenen 25 Mitarbeitern waren 7 wegen körperlicher Behinderungen für den Wehrdienst untauglich erklärt worden.[440] Zu dieser Zeit waren von 54 Mitarbeitern in Vorkriegszeiten 13 Männer eingezogen worden und 11 Personen waren in anderen Behörden tätig. Zum 2. März 1943 war außerdem die Dienststelle Altona aufgelöst und Alfred Dreyer als wissenschaftlicher Angestellter an das Reichsarchiv Posen abgegeben worden.[441] Reincke plante bereits die Einsparung weiteren Personals durch die Sperrung der Kirchenbücher vor 1830 für Auskunft und Lesesaalbenutzung. Anfang 1943 gab er an, er benötige 17 bis 18 Mitarbeiter, um die seiner Meinung nach dauernd kriegswichtigen Aufgaben des Archivs durchzuführen. Dazu gehöre die Verwaltung und Betreuung der Archivalien, die personenkundliche Arbeit („soweit von Partei, Staat, Wehrmacht als dringlich bezeichnet"), Aktenauskunft und -ausleihe für dienstliche Zwecke und für Kanzlei und Rechnungswesen. Sich selber bezeichnete er als „nicht voll beschäftigt", er bemühe sich jedoch, sich „durch Mitarbeit an publizistischen und wissenschaftlichen Unternehmungen des Propagandaministeriums, des hiesigen Propagandaamts und des Hansischen Geschichtsvereins sowie durch Vorträge im Rahmen der gebotenen Möglichkeiten einzusetzen".

Ein Schreiben ähnlichen Inhalts vom 22. Februar 1943 hatte Zipfel dem Hamburger Archiv zur Kenntnisnahme zukommen lassen. Darin erging an

[439] Staatsarchiv Hamburg, 133-1 II Staatsarchiv II, Nr. 45: 17425/1939, Schreiben von Heinrich Reincke an Friedrich Prüser vom 17.10.1939.

[440] Staatsarchiv Hamburg, 133-1 II Staatsarchiv II, Nr. 65: 759/1943, Auflistung der Mitarbeiter des Archivs für den Großkatastrophen-Einsatz, vom 24.4.1943.

[441] Hier und im Folgenden: Staatsarchiv Hamburg, 133-1 II Staatsarchiv II, Nr. 64: 235/1943, Bericht von Heinrich Reincke an Karl Kaufmann von vor dem 19.3.1943 [ohne Datum].

die preußischen Staatsarchive die Weisung, dass nur noch mit einem Personal von acht Mitarbeitern auszukommen sei und nur noch kriegswichtige Aufgaben durchzuführen seien. Besonderes Gewicht legte Zipfel dabei auf die Luftschutzmaßnahmen im Allgemeinen und die sogenannten Flüchtungstransporte, die Auslagerungen, im Speziellen, die nun beschleunigt durchgeführt werden sollten. Er betonte: *„Alle sonst den Staatsarchiven zufallenden Aufgaben*, vor allem die persönliche Benutzung privater Natur und die Erledigung privater Anfragen, müssen nunmehr unter Hinweis darauf, daß nur noch *kriegswichtige* Arbeiten mit dem Restpersonal erledigt werden können, unterbleiben. Benutzerzimmer sind zu schließen."[442] Letzteres wurde im Hamburger Archiv erst nach den Bombardierungen im Juli/August 1943 durchgeführt.

Reincke war bemüht, alles in den Dienst des Krieges zu stellen, sah jedoch auch die Grenzen. An den Senatssyndicus Hermann Matthäs vom Hauptverwaltungsamt schrieb er am 3. Februar 1943: „Mit meinem bescheidenen Laden bin ich nur ein kleiner Mann. […] Ich werde auch weiter jede entbehrliche Kraft freigeben. Das wird genügen."[443] Auch bei sich selbst machte er keine Ausnahme. Schon Anfang 1942 schrieb er an Bürgermeister Krogmann: „Im Archiv der Hansestadt Hamburg bin ich selber der einzige noch nicht eingezogene Offizier des Beurlaubtenstandes. Ich halte mich nicht für unabkömmlich, da ich durch Professor Kellinghusen jederzeit ausreichend vertreten werden könnte."[444] Ab 2. März 1943 übernahm er zusätzlich die Leitung der Bibliothek der Hansestadt Hamburg.[445]

Daneben musste Reincke sicherstellen, dass seine Mitarbeiter sich an die immer steigenden Arbeitszeiten hielten. Im März 1943 wurde von einer 48- auf eine 53-Stunden-Woche erhöht.[446] Dazu wurde von jedem verlangt,

---

[442] Staatsarchiv Hamburg, 133-1 II Staatsarchiv II, Nr. 64: 185/1943, Rundschreiben von Ernst Zipfel vom 22.2.1943, Hervorhebungen wie im Original.

[443] Staatsarchiv Hamburg, 133-1 II Staatsarchiv II, Nr. 65: 697/1943, Schreiben von Heinrich Reincke an Hermann Matthäs am 9.2.1943.

[444] Staatsarchiv Hamburg, 133-1 II Staatsarchiv II, Nr. 60: 131/1942, Schreiben von Heinrich Reincke an Carl Vincent Krogmann vom 24.1.1942.

[445] Staatsarchiv Hamburg, 133-1 II Staatsarchiv II, Nr. 64: 235/1943, Verfügung von Carl Vincent Krogmann vom 2.3.1943

[446] Staatsarchiv Hamburg, 133-1 II Staatsarchiv II, Nr. 55: 10775/1940, Erlass von Karl Kaufmann vom 31.3.1943.

dass er sich außerhalb der Arbeitszeiten für die Partei oder deren Organisationen engagierte[447] und nachts waren die Beschäftigten des Rathauses in Luftschutzwachen eingeteilt.[448] Hinzu kamen die privaten Sorgen. Mit den Bombardierungen Hamburgs verloren auch viele Archivmitarbeiter ihre Wohnungen. Einige wohnten vorübergehend in ihren Büroräumen im Rathaus.[449] Der Stadtobersekretär Arnold Rüpke, der für den Haushalt und die Kasse des Archivs zuständig war, kam von 1943 bis Kriegsende bei Reincke privat unter.[450] Häufig blieben die Männer in der Stadt, während sie Frau und Kinder auf das vermeintlich sichere Land schickten. Zu dieser Trennung kam die Belastung, die auch Reincke verspüren musste, wenn die eigenen erwachsenen Kinder an der Front waren oder im Krieg fielen.

Die letzten Zahlen zum Personalbestand des Archivs im Zweiten Weltkrieg finden sich zum August 1944, wonach dort noch 21 Beschäftigte arbeiteten. Im selben Monat wurden Kellinghusen und ein weiterer Beamter für die Rüstung sowie drei Mitarbeiter, alle über 50 Jahre alt, für den Wehrdienst freigegeben.[451] Die ersten Tätigkeitsberichte, die Kellinghusen in der Nachkriegszeit an den von der britischen Militärregierung eingesetzten Bürgermeister Rudolf Petersen richtete, befassen sich über Monate hinweg unter anderem mit der Entlassung und der Entnazifizierung von Archivmitarbeitern. Schon früh fingen auch die Archivare dabei an, ihre eigenen Handlungen zu verklären. Zipfel schrieb in einem persönlichen Brief an Reincke: „Wir Archivare haben stets sachlich gearbeitet und brauchen das Licht nicht zu scheuen."[452]

---

447 Staatsarchiv Hamburg, 133-1 II Staatsarchiv II, Nr. 52: 2682/1940, Erlass von Karl Kaufmann vom 13.6.1939.

448 Staatsarchiv Hamburg, 133-1 II Staatsarchiv II, Nr. 55: 10775/1940, Schreiben von Senatssyndikus Hermann Matthäs vom 26.8.1943.

449 Staatsarchiv Hamburg, 133-1 II Staatsarchiv II, Nr. 64: 381/1943, Liste mit der für den Großkatastrophen-Einsatz einzusetzenden Archivmitarbeitern [ohne Datum].

450 Staatsarchiv Hamburg, 133-1 II Staatsarchiv II, Nr. 65: 642/1943 und Nr. 66: 48/1944, jeweils Listen mit Adressen bzw. Ausweichadressen der Mitarbeiter des Archivs [ohne Datum].

451 Staatsarchiv Hamburg, 133-1 II Staatsarchiv II, Nr. 66: 348/1944, Liste der Gesamtzahl der Beschäftigten vom 28.8.1944.

452 Staatsarchiv Hamburg, 133-1 II Staatsarchiv II, Nr. 53: 4849/1940, Schreiben von Ernst Zipfel an Heinrich Reincke vom 8.7.1945.

5.2 Luftschutzmaßnahmen

Schon auf dem Deutschen Archivtag von 1934 setzten sich die Archivare mit verschiedenen Luftschutzfragen auseinander. Ein Vortrag handelte von Brandbomben und Gaskampfmitteln, und es wurden Empfehlungen gegeben, wie und wo Neubauten entstehen sollten.[453] Reincke wies in einem Bericht an den Senat darauf hin: „Ich halte es für meine Pflicht an dieser Stelle zu betonen, daß fast die Hälfte der Bestände des hamburgischen Staatsarchivs im Rathaus auf geschlossenen und offenen Böden in einer Weise untergebracht ist, die bei einem Angriff mit Brandbomben sowohl die Akten wie das Rathaus selber auf das schwerste gefährden müßte."[454] Damit griff Reincke den Ereignissen vor. In der 3. DVO zum Luftschutzgesetz vom 4. Mai 1937 wurde geregelt, dass es gegen das Gesetz verstoße, wichtige Akten auf dem Dachboden auf leicht brennbaren Holzregalen zu verwahren.[455]

Dem Hamburger Archiv standen im August 1939 23 Magazinräume zur Verfügung, insgesamt 2182 m² (und 14 Magazinräume für die Bestände der Bibliothek).[456] Darin befanden sich, wie bereits erwähnt, rund 20000 m Archivgut. Das Hauptmagazin war im Untererdgeschoss des Rathauses untergebracht[457], andere Archivalien lagerten auf offenen Regalen auf den Dachböden des Rathauses.[458]

---

453 Staatsarchiv Hamburg, 131-6 Staatsamt, Nr. 14: Bericht von Heinrich Reincke an den Senat vom 28.9.1934.

454 Ebd.

455 RGBl I, 1937, S. 566, § 3.

456 Staatsarchiv Hamburg, 133-1 II Staatsarchiv II, Nr. 44: 14964/1939, Schreiben von Heinrich Reincke an die Kämmerei vom 13.8.1939.

457 Staatsarchiv Hamburg, 133-1 II Staatsarchiv II, Nr. 65: 571/1943, Bericht von Heinrich Reincke an Ernst Zipfel über die „Operation Gomorrha" [ohne Datum]. Der Bericht wurde am 21.8.1943 an Ernst Zipfel gesandt, ein weiteres Exemplar erhielt Bürgermeister Carl Vincent Krogmann.

458 Walter H. Petersen: Die Archivräume, in: Beiträge zur Geschichte des Staatsarchivs der Freien und Hansestadt Hamburg (Veröffentlichungen aus dem Staatsarchiv der Freien und Hansestadt Hamburg, 5), Hamburg 1960, S. 41–55, hier: S. 53.

Abb. 8: Das Magazin im Unter-Erdgeschoss des Hamburger Rathauses (ca. 1902)

Anfängliche Maßnahmen, die im Herbst 1938 eingeleitet wurden, bestanden dementsprechend darin, die „vorher fast überbelegten offenen Böden"[459] zu räumen. Dabei handelte es sich um über 2000 m Akten, die teilweise in das als sicher geltende Kellergewölbe des Hauptmagazins verbracht wurden.[460] Dafür wurden neue Regale aufgebaut, so dass die Magazinräume noch enger belegt waren, und trotzdem mussten große Teile der Bestände vom Dachboden in den Magazinräumen gestapelt werden.[461] Der Platz reichte jedoch nicht aus, so dass Archivalien in den Korridoren des Rathauses gelagert werden mussten.[462] Es wurden zusätzlich weitreichende Kassationen vorgenommen, vor allem von Dubletten amtlicher Drucksachen.[463]

In diesem Zuge wurden außerdem die ersten Auslagerungen innerhalb Hamburgs vorgenommen. Ein Teil der auf den Dachböden gelagerten Akten kam Anfang 1940 in den Kellerräumen der benachbarten Börse unter. Später wurden einige dieser Akten nach Altona in das Volkstheater, das Alte und das Neue Rathaus umgelagert.[464] Einen Umzug des Archivs aus dem Zentrum der Stadt zog Reincke zu diesem frühen Zeitpunkt nicht in Betracht, „da bei dem Umfang der zur Frage stehenden Bestände geeignete Gebäude nicht verfügbar sind, und da die Erfahrung der bisherigen Luftangriffe immer wieder gezeigt hat, daß die Außenbezirke der Stadt wesentlich stärker luftgefährdet sind als das eigentliche Geschäftszentrum, in dem sich die Archivräumlichkeiten befinden".[465] Zum Luftschutz waren ab Juni

---

459 Staatsarchiv Hamburg, 133-1 II Staatsarchiv II, Nr. 65: 571/1943, Bericht von Heinrich Reincke an Ernst Zipfel über die „Operation Gomorrha" [ohne Datum].

460 Staatsarchiv Hamburg, 133-1 II Staatsarchiv II, Nr. 54: 7323/1940 Bd. 1, Schreiben von Heinrich Reincke an Ernst Zipfel vom 20.6.1940.

461 Ebd.

462 Staatsarchiv Hamburg, 133-1 II Staatsarchiv II, Nr. 52: 365/1940, Schreiben von Heinrich Reincke an das Hauptverwaltungsamt, Verwaltungsabteilung vom 15.1.1940.

463 Reincke spricht in den Berichten an Zipfel immer davon, dass „vorwiegend" oder „vor allem" überflüssig gewordene Dubletten vernichtet worden seien. Was noch kassiert wurde, ist unklar.

464 Staatsarchiv Hamburg, 133-1 II Staatsarchiv II, Nr. 54: 7323/1940 Bd. 1, Schreiben von Heinrich Reincke an Ernst Zipfel vom 29.5.1942, sowie Staatsarchiv Hamburg, 133-1 II Staatsarchiv II, Nr. 52: 365/1940, Schreiben von Heinrich Reincke an das Hauptverwaltungsamt vom 15.1.1940.

465 Staatsarchiv Hamburg, 133-1 II Staatsarchiv II, Nr. 54: 7323/1940 Bd. 1, Schreiben von Heinrich Reincke an Ernst Zipfel vom 20.6.1940.

1940 Tag- und Nachtwachen tätig, Reincke war jederzeit telefonisch erreichbar.[466]

Es wurden zudem Maßnahmen zum Schutz der Magazine im Rathaus getroffen. Zwar lag das Hauptmagazin geschützt unter einem Kellergewölbe, zur Straßenseite war es jedoch nicht ausreichend gesichert. Bereits 1939 wurden die Fenster der Threse, in der die ältesten und wertvollsten Stücke des Archivs untergebracht waren, mit Sandsackpackungen und Holz vor Splittergefahr geschützt. 1941 erhielten die 20 Fenster des Hauptmagazins neben Eisenjalousien festverankerte Läden aus Eisen mit einer Dicke von 1,7 cm.[467] Einige Fenster wurden zugemauert, die Dachstühle wurden imprägniert.[468] Damit sah Reincke die Magazinräume auf ein Möglichstes gesichert.[469]

Die Reaktion in anderen deutschen Archiven war zu Beginn des Krieges vergleichbar. Durch die schnellen Siege in Polen und im Westen und die kaum spürbaren Verluste herrschte ein Gefühl der Sicherheit. Dementsprechend beschränkten sich die Archivare auf die Umsetzung der allgemeinen Luftschutzbestimmungen sowie der spezielleren Richtlinien für Bibliotheken, Museen und Archive.[470] Diese sahen genau das vor, was Reincke umgesetzt hatte: Umlagerung von Archivalien, Aufbau von Splitterschutz sowie Einteilung von Selbstschutzwachen.

Diese Maßnahmen reichten aber nicht lange, um die Archivalien vor den Angriffen zu schützen. Im Laufe des Krieges wurde der Luftkrieg forciert. Zu Beginn waren die Angriffe der britischen Luftwaffe noch verhältnismäßig schwach und unsystematisch. Acht Monate nach Kriegsbeginn, in der Nacht vom 17. auf den 18. Mai 1940, fielen die ersten Bomben auf Hamburg, wobei 34 Menschen ums Leben kamen.[471] Mit dem Angriff auf Mannheim am 16. Dezember 1940 begannen die Briten das sogenannte „moral

[466] Ebd.

[467] Staatsarchiv Hamburg, 133-1 II Staatsarchiv II, Nr. 7323/1940 Bd. 1, Schreiben von Heinrich Reincke an Ernst Zipfel vom 29.5.1942.

[468] Staatsarchiv Hamburg, 133-1 II Staatsarchiv II, Nr. 65: 571/1943, Bericht von Heinrich Reincke an Ernst Zipfel über die „Operation Gomorrha" [ohne Datum].

[469] Staatsarchiv Hamburg, 133-1 II Staatsarchiv II, Nr. 54: 7323/1940 Bd. 1, Schreiben von Heinrich Reincke an Ernst Zipfel vom 29.5.1942.

[470] Weiser: Preußische Archivverwaltung, S. 199 f.

bombing" als Vergeltung für die Luftangriffe auf Coventry. Von da an wurden Luftangriffe geflogen, die sich explizit gegen die Zivilbevölkerung richteten, um die Moral zu schwächen – eine Taktik, die die deutsche Luftwaffe bereits seit Kriegsbeginn verfolgte.

Anfang 1942 erhielten die Luftangriffe eine neue Dimension. Es kam seit März zu Angriffen von einigen hundert Flugzeugen auf Essen, Köln und Lübeck, Ende April wurde eine mehrtägige große Aktion gegen Rostock geflogen und am 31. Mai 1942 kam es zu dem sogenannten Tausend-Bomber-Angriff auf Köln.[472] Diese Angriffe hatten auf vielerlei Ebenen reichsweit eine einschneidende Wirkung. Gerade das Flächenbombardement auf Lübeck vom 29. März 1942 sorgte in Hamburg für viel Unruhe. Reincke befand sich gerade im Erholungsurlaub, als ihn die Nachricht erreichte. An Kellinghusen schrieb er:

> „Aber die Trauer über diesen wahrhaft unersetzlichen Verlust, den Kummer, die Wut kann ich und kann ich nicht verwinden [...]. Der Führer wird den Briten ihre Bestialität gewiß zu seiner Zeit heimzahlen, zumal wenn sich derartige Dinge wiederholen sollten. Aber was nützt hier Rache? Vor Allem wenn man wirklich Gleiches mit Gleichem vergelten und gleichfalls bewußt Kulturwerte zerstören würde. Ein Trost im Unglück ist es, von allen Seiten zu hören, wie tapfer die Lübecker um ihre Stadt gekämpft haben. Ein Untergang in Ehren!"[473]

Je weiter der Krieg voranschritt und je größere Ausmaße der Luftkrieg annahm, desto weitreichender und aufwendiger wurden die Schutzmaßnahmen der Archive. Zwar waren das Stadtarchiv Lübeck sowie die Archive der anderen Städte unbeschadet geblieben, dennoch führte es bei den Archivaren zu einem Umdenken. Bereits am 22. Mai 1940 war Ernst Zipfel

[471] Ursula Büttner: „Gomorrha" und die Folgen. Der Bombenkrieg, in: Hamburg im „Dritten Reich", hrsg. von der Forschungsstelle für Zeitgeschichte in Hamburg, 2. Aufl., Göttingen 2008, S. 613–632, hier: S. 613 f. Dazu außerdem: Hans Brunswik: Feuersturm über Hamburg. Die Luftangriffe auf Hamburg im 2. Weltkrieg und ihre Folgen, Stuttgart 1978.

[472] Büttner: „Gomorrha", S. 614.

[473] Staatsarchiv Hamburg, 622-2/37 Hans Kellinghusen, Nr. 21 h: Schreiben von Heinrich Reincke an Hans Kellinghusen vom 11.4.1942.

durch einen Erlass des Reichsinnenministers zum Kommissar für den Luftschutz der Archive ernannt worden.[474] Damit lag die Angelegenheit des Luftschutzes der Archive für das ganze Reich in der Hand einer Person. Seine Tätigkeit bestand hauptsächlich darin, die Anliegen der Archive auf ministerieller Ebene zu vertreten. Zipfel war in erster Linie koordinierend und delegierend tätig.[475] Eine seiner ersten Handlungen bestand darin, sich über die Verhältnisse in den nichtpreußischen Staatsarchiven zu informieren. Am hamburgischen Archiv war er besonders interessiert, „insofern, als Nordwestdeutschland den Angriffen feindlicher Flieger jetzt häufiger ausgesetzt ist, das dortige Archiv aber durch seine Unterbringung im Zentrum einer großen Hafenstadt als besonders gefährdet erscheint".[476] Nachdem Reincke versichert hatte, dass alle erforderlichen Maßnahmen ergriffen seien, schien auch Zipfel beruhigt. Nach der Bombardierung Lübecks wies er zusätzlich an, dass ihm Bericht erstattet werde, sollten Archive durch Bombentreffer Schaden erleiden.[477]

Reincke kümmerte sich bei der Sicherung der Archivalien nicht nur um das staatliche und städtische Archivgut, sondern holte auch Erkundigungen über weiteres Archivgut innerhalb Hamburgs ein. Ab dem 27. Mai 1943 tat er dies offiziell in seiner Funktion als Archivschutzbeauftragter für die staatlichen und nichtstaatlichen Archive in Hamburg.[478] Mit der zunehmenden Gefahr der Zerstörung durch Bombenabwürfe ließen sich immer mehr nichtstaatliche Institutionen und Privatpersonen davon überzeugen, dass ihre Unterlagen im Archiv am sichersten untergebracht seien. Nach langen Verhandlungen gelang es Reincke im Oktober 1942 ein Abkommen mit der Landeskirche abzuschließen, wonach die Erstbücher der Kirchenbücher der Kirchspiele St. Michael und St. Pauli sowie mehrerer Landgemeinden ins Archiv kämen, während die Duplikate bei den Kirchen verblieben. Dem

474 Weiser: Preußische Archivverwaltung, S. 171.

475 Kriese: Archivarbeit, S. 206, nach einem Vortrag von Johannes Kistenich.

476 Staatsarchiv Hamburg, 133-1 II Staatsarchiv II, Nr. 54: 7323/1940 Bd. 1, Schreiben von Ernst Zipfel an das Staatsarchiv Hamburg vom 17.6.1940.

477 Staatsarchiv Hamburg, 133-1 II Staatsarchiv II, Nr. 54: 7323/1940 Bd. 1, Schreiben von Ernst Zipfel an das Staatsarchiv Hamburg vom 7.4.1942.

478 Staatsarchiv Hamburg, 133-1 II Staatsarchiv II, Nr. 65: 522/1943, Erlass des Reichsstatthalters Karl Kaufmann vom 27.5.1943.

RSA meldete er: „Alle für den Abstammungsnachweis wichtigen Original-Kirchenbücher liegen fortan in den stark geschützten und dauernd bewachten Gewölben des Archivs."[479]

Ein wichtiger Vermittler bei der Verbringung von wichtigen Unterlagen in das Archiv war Hans Hertz. Auf seine Veranlassung hin wandte sich beispielsweise die Christianskirchengemeinde Hamburg-Altona-Ottensen Anfang 1944 an das Archiv und bat für die Dauer des Krieges um die Sicherung ihrer Kirchenbücher.[480] Zudem informierte Hertz Reincke über den Zustand der nicht im Archiv, sondern in den Kirchenbuchämtern befindlichen Kirchenbücher. So machte er das Archiv 1943 darauf aufmerksam, dass das Kirchenbuchamt Altona den Wunsch nach einer sicheren Unterbringung seiner Kirchenbücher hätte, woraufhin diese nach Vermittlung des Archivs dorthin überführt wurden.[481] Auch Privatpersonen gaben auf Anraten Hertz' Unterlagen an das Archiv, unter anderem gelangten so Papiere aus dem Nachlass Justus Brinckmanns sowie Korrespondenzen zwischen Carl Mönckeberg und Alfred Lichtwark dorthin.[482]

Eine verbindliche Vorgehensweise für die Sicherung von Archivgut gab es erstmals mit den am 23. Juli 1942 erlassenen „Richtlinien zur Durchführung des Luftschutzes in Archiven", die eine weitere Reaktion auf die Bombardierung Lübecks darstellen.[483] Als sicherster Aufbewahrungsort wurde das Archiv selber gesehen. Das Thema der Auslagerungen war unter den Archivaren viel diskutiert, zu diesem Zeitpunkt galten sie jedoch nur als „sekundäres Hilfsmittel", um Totalverluste zu vermeiden.[484]

Nachdem in Hamburg 1939 erste Archivalien in die Börse und nach Altona gebracht worden waren, ergriffen Reincke und Kellinghusen nach der

---

479 Staatsarchiv Hamburg, 133-1 II Staatsarchiv II, Nr. 59: 10070/1941, Schreiben von Heinrich Reincke an das RSA vom 14.11.1942.

480 Staatsarchiv Hamburg, 133-1 II Staatsarchiv II, Nr. 66: 79/1944, Schreiben von Pastor Lensch an Heinrich Reincke vom 28.2.1944.

481 Staatsarchiv Hamburg, 133-1 II Staatsarchiv II, Nr. 65: 683/1943, Schreiben von Hans Hertz an Heinrich Reincke vom 28.10.1943.

482 Staatsarchiv Hamburg, 133-1 II Staatsarchiv II, Nr. 66: 64/1944, Schreiben von Hans Hertz an Heinrich Reincke vom 17.2.1944.

483 Weiser: Preußische Archivverwaltung, S. 201.

484 Ebd.

Bombardierung Lübecks erste Maßnahmen zur Auslagerung von Archivalien in das Bergedorfer Schloss im Südosten Hamburgs. Dorthin kamen Duplikate von Kirchenbüchern, Abschriften, Photokopien und weitere Reproduktionen, „die geeignet sind, wenigstens inhaltlich die Originale zu ersetzen".[485] Es hatte Bedenken gegeben, dass die Duplikate der Kirchenbücher im Keller der Börse räumlich nicht weit genug von den Originalen entfernt seien, „sodaß noch immer die Gefahr besteht, daß diese unersetzlichen und für den Abstammungsnachweis allein maßgeblichen Register bei dem gleichen Luftangriff gemeinsam zugrunde gehen könnten".[486] Eine gleichzeitige Zerstörung der Bestände im Rathaus und im Schloss hielt man jedoch für unwahrscheinlich. Zudem verfügten auch die Räume im Bergedorfer Schloss über ein stabiles Kellergewölbe. Die ersten weitgehenden Maßnahmen betrafen also die Sicherstellung der Quellen für den Ariernachweis.

Auf welche Schwierigkeiten das Archiv dabei stieß, wird aus der Korrespondenz Reinckes mit dem Amt für kriegswichtigen Einsatz deutlich. Reincke bat darin, dass dem Archiv für den Transport der Archivalien ins knapp 20 Kilometer entfernte Bergedorf eine Transportmöglichkeit zur Verfügung gestellt werde. Von offizieller Seite wurde ihm empfohlen, sich an die Deichtormarktverwaltung zu wenden, da die Gemüsehändler den Weg zurück aus Hamburg über Bergedorf bis in die Vierlande fahren würden.[487]

Die Auslagerung in das Bergedorfer Schloss wurde von Reincke und Kellinghusen, der aufgrund seiner Verbundenheit zu Bergedorf die Unterbringung dort organisierte, kurzfristig und als unmittelbare Reaktion auf die Bombardierung Lübecks und die Verschärfung des Luftkrieges organisiert. Langfristige Planungen sahen vor, dass Bestände des Archivs in den neu entstehenden Flakturm auf dem Heiligengeistfeld, im Hamburger Stadtteil St. Pauli, ausgelagert werden sollten. Ende Mai 1942 berichtete Reincke an Zipfel, dass Aussicht bestehe, Archivalien in dem im Bau be-

---

485 Staatsarchiv Hamburg, 133-1 II Staatsarchiv II, Nr. 54: 7323/1940 Bd. 1, Schreiben von Heinrich Reincke an Ernst Zipfel vom 29.5.1942.

486 Staatsarchiv Hamburg, 133-1 II Staatsarchiv II, Nr. 54: 7323/1940 Bd. 1, Schreiben von Heinrich Reincke an Oberbaurat Dr. Schröder, Amt für kriegswichtigen Einsatz, Luftschutzstelle, vom 10.6.1942.

487 Staatsarchiv Hamburg, 133-1 II Staatsarchiv II, Nr. 53: 7323/1940 Bd. 2, Schreiben der Allgemeinen Abteilung der Staatsverwaltung vom 10.6.1942.

findlichen Turm unterzubringen.[488] Reincke plante dort die „allerwertvollsten und unersetzlichen Bestände an Akten, Urkunden, Büchern und Karten“[489] auf einer Grundfläche von 200 m² unterzubringen. Er präzisierte, dass es sich „im wesentlichen um Unterbringung von Duplikaten der Kirchenbücher, der alten Grundbücher, Senatsprotokolle, der ältesten Urkunden, Stadtbücher und Karten [handele], die, wenn sie auch keinen Marktwert besitzen, sondern unersetzbar sind, doch im Versicherungsfalle mit mindestens 15–18 Millionen Mark zu bewerten wären“.[490] Reincke rechnete damit im Flakturm rund 1000 m Archivgut aufstellen bzw. 2000 m Archivgut stapeln zu können. Die Aufstellung der Archivalien würde mehr Platz in Anspruch nehmen, die Quellen würden jedoch benutzbar bleiben. Dies war besonders für die Kirchenbücher gewünscht, die für die Erstellung der Ariernachweise unerlässlich waren.[491] Dabei gab es keinen Präzedenzfall für die Einlagerung von Archivalien in einen Flakturm. Reincke erkundigte sich in Berlin nach der Vorgehensweise und ob durch die Unterbringung Gefahren für Siegel und Urkunden durch Erschütterungen bestünden.[492] Aus Berlin kam die Rückmeldung des Direktors der Preußischen Staatsbibliothek, dass von ihnen kein Schriftgut in den Berliner Flaktürmen einlagert werde, gegen diese Art der Unterbringung jedoch keine Bedenken bestünden, solange die Lagerräume genügend getrocknet seien.[493] Die Fertigstellung des Hamburger Flakturms war zum 1. Oktober 1942 geplant, wobei danach eine zusätzliche Trockenzeit wegen der Baufeuchtigkeit eingehalten werden sollte.

---

[488] Staatsarchiv Hamburg, 133-1 II Staatsarchiv II, Nr. 54: 7323/1940 Bd. 1, Schreiben von Heinrich Reincke an Ernst Zipfel vom 30.5.1942.

[489] Staatsarchiv Hamburg, 133-1 II Staatsarchiv II, Nr. 54: 7323/1940 Bd. 2, Schreiben von Heinrich Reincke an Senator Schluckebier von der Bauverwaltung vom 6.6.1942.

[490] Staatsarchiv Hamburg, 133-1 II Staatsarchiv II, Nr. 53: 7323/1940 Bd. 2, Schreiben von Heinrich Reincke an das Amt für kriegswichtigen Einsatz vom 15.8.1942.

[491] Staatsarchiv Hamburg, 133-1 II Staatsarchiv II, Nr. 53: 7323/1940 Bd. 2, Schreiben von Heinrich Reincke an das bayerische Staatsarchiv Nürnberg vom 21.8.1942.

[492] Staatsarchiv Hamburg, 133-1 II Staatsarchiv II, Nr. 54: 7323/1940 Bd. 2, Aktennotiz vom 18.8.1942 zu einem Gespräch zwischen Heinrich Reincke und Senatsdirektor Zellmann.

[493] Staatsarchiv Hamburg, 133-1 II Staatsarchiv II, Nr. 54: 7323/1940 Bd. 2, Schreiben der Vertretung der Hansestadt Hamburg in Berlin vom 8.9.1942.

Abb. 9: Der Flakturm auf dem Heiligengeistfeld in Hamburg (2015)

Letztendlich verzögerte sich jedoch der Bau und aufgrund des Verlaufs des Bombenkrieges konnten erste Archivalien erst im September 1943 dort eingelagert werden.[494] Im März 1944 wurden die letzten Archivalien in den Flakturm gebracht.

Reincke scheute sich nicht, große Pläne zu machen. In Reaktion auf einen Vortrag des Baurats Konstanty Gutschow[495] über die künftige Gestaltung des Heiligengeistfelds schlug er ihm vor: „Sofern nur für ausreichende Lüftungsmöglichkeiten gesorgt ist, dürfte es sich [bei dem Flakturm, Anm. d. Verf.] um geradezu ideale Magazinräume für Archivzwecke handeln, und die brennende Neubaufrage für das Archiv könnte mit einem Schlage ihre Erledigung finden."[496] Dazu müsse nach Kriegsende nur ein „bescheidenes Verwaltungsgebäude"[497] in unmittelbarer Verbindung gebaut werden. Dieser Vorschlag wurde nicht weiterverfolgt.

Eine Auslagerung außerhalb Hamburgs lehnte Reincke lange Zeit, ganz im Tenor seiner Kollegen, ab. Mit der Bombardierung Lübecks gewann diese Frage neue Aktualität. Es bestanden aber berechtigte Zweifel an der Sicherheit der Archivalien beim Transport. Im Mai 1942 schrieb Reincke an Zipfel: „Die Verbringung größerer Archivbestände in weiter entfernte Gegenden halte ich nach wie vor für höchst bedenklich, da die Gefahren eines längeren Bahntransports und das Fehlen sachgemäßer regelmäßiger Überwachung mir größer zu sein scheinen als das Risiko, das gut gesicherte Räume in Hamburg selbst bieten."[498] Zipfel entgegnete, dass er diese Schwierigkeiten keineswegs unterschätze, „doch läßt die ganz besonders luftgefährdete Lage Hamburgs m. E. keinen anderen Ausweg mehr zu, als

---

[494] Staatsarchiv Hamburg, 133-1 II Staatsarchiv II, Nr. 65: 633/1943, Schreiben der Verwaltung für Kunst- und Kulturangelegenheiten an die Kultureinrichtungen Hamburgs vom 15.9.1943, dass die Auslagerung von Kulturgütern in den Flakturm begonnen habe.

[495] Konstanty Gutschow (1902–1978) war Architekt und für die Neugestaltung des Elbufers zuständig. Ab 1941 war er außerdem Leiter des Amts für kriegswichtigen Einsatz.

[496] Staatsarchiv Hamburg, 133-1 II Staatsarchiv II, Nr. 53: 7323/1940 Bd. 2, Schreiben von Heinrich Reincke an Konstanty Gutschow vom 26.6.1942.

[497] Ebd.

[498] Staatsarchiv Hamburg, 133-1 II Staatsarchiv II, Nr. 54: 7323/1940 Bd. 1, Schreiben von Heinrich Reincke an Ernst Zipfel vom 29.5.1942.

doch Teile der Bestände in entferntere Ausweichstelle zu verbringen. Ich bitte hierüber noch einmal Erwägungen anzustellen."[499]

Andere Archive hatten bereits geringe Teile ausgelagert.[500] 1942 sahen die Richtlinien für den Luftschutz von Archiven vor, dass nicht mehr als 20 Prozent der Bestände ausgelagert werden sollten. Von einer Totalauslagerung war, wenn überhaupt, nur in Einzelfällen die Rede.[501] Dies hatte nicht nur seinen Grund in den Risiken einer Auslagerung. Auslagerungen bedeuteten auch ein Eingeständnis, dass Gefahren für die Archivalien bestünden. Eine solche Gefahrenerkennung, gerade vor dem Hintergrund der öffentlichen Propaganda, war ein Eingeständnis der eigenen Verletzbarkeit. Lagerten die Direktoren zu früh zu viel aus, konnte dies so gewertet werden, dass sie nicht daran glaubten, dass die deutsche Luftwaffe den Luftkrieg gewinnen könne.

Nur wenige Tage nachdem Reincke Zipfel seine Probleme mit den Auslagerungen geschildert hatte, teilte er ihm mit, dass es ihm gelungen sei, die Gefahren des Transports zu umgehen. Sein Plan sah vor, persönlich mit zwei Hilfskräften einzelne, besonders wichtige Archivalien des Hamburger Archivs im Handgepäck im Zug in die Festung Ehrenbreitstein nach Koblenz zu bringen.[502] Die Festung Ehrenbreitstein war auf Anweisung Zipfels bereits seit 1938 als Auslagerungsstätte ausgebaut worden, vor allem für die Sicherung der Archivalien an der Westgrenze. Bis 1944 wurde sie zu einer der größten überirdischen Fluchtstätten für Kulturgüter.[503] Am 22. September 1942 machte sich Reincke dementsprechend auf den Weg. Im Gepäck, und diese Formulierung ist wörtlich zu nehmen, befanden sich unter anderem die Bilderhandschrift von 1497, die ältesten Stadtbücher aus dem 13. bis 16. Jahrhundert, die Burspraken und die Barbarossaurkunde von 1189 – die ältesten und wertvollsten Archivalien, die das Archiv besitzt.[504] Reincke schätzte den Wert dieser Stücke auf ein bis zwei Millionen Reichs-

---

499 Staatsarchiv Hamburg, 133-1 II Staatsarchiv II, Nr. 53: 7323/1940 Bd. 2, Schreiben von Ernst Zipfel an Heinrich Reincke vom 2.9.1942.

500 Musial: Staatsarchive, S. 103.

501 Weiser: Preußische Archivverwaltung, S. 201.

502 Staatsarchiv Hamburg, 133-1 II Staatsarchiv II, Nr. 53: 7323/1940 Bd. 2, Schreiben von Heinrich Reincke an Ernst Zipfel vom 8.9.1942.

503 Weiser: Preußische Archivverwaltung, S. 202.

mark. Diesem Transport folgte am 22. Oktober 1942 ein zweiter unter der Führung von Kellinghusen mit ähnlich wertvollen Archivalien. Der Plan, die knapp zwölf Meter lange Elbkarte von Melchior Lorichs auf die Festung Ehrenbreitstein zu verbringen, wurde jedoch nicht umgesetzt.

Mit der Zeit überwogen die Gefahren des Krieges Reinckes Bedenken gegen Auslagerungen. Urkunden, die nicht in die Festung Ehrenbreitstein verbracht worden waren, ältere Handschriften und andere von Reincke als besonders wertvoll angesehene Archivalien, unter anderem die von Richard Salomon bearbeiteten Avignon-Akten, wurden im April 1943 in das Schloss Lauenstein im Erzgebirge, knapp 40 km südlich von Dresden, ausgelagert.[505] Der 1942 reichsweit gesetzte Grenzwert für die Auslagerung von 20 Prozent galt als überholt, im September 1943 forderte Zipfel auf einer Direktorendienstbesprechung in Würzburg von den preußischen Staatsarchiven, dass mindestens die Hälfte der Bestände ausgelagert werden sollte, er nannte auch 75 Prozent und mehr.[506] Zum Juli 1943 meldete Reincke an Zipfel, dass ungefähr die Hälfte der Bestände des Hamburger Archivs bis zu diesem Zeitpunkt bewegt worden seien, sei es innerhalb der Magazinräume, innerhalb Hamburgs oder nach Koblenz und Lauenstein. Für den 25. Juli 1943 war die Umlagerung von Beständen in den Flakturm auf dem Heiligengeistfeld vorgesehen.[507] Der größte Teil der für die dortige Unterbringung bestimmten Bestände war bereits versandbereit und in Kisten verpackt, als der Luftkrieg gegen Hamburg mit der „Operation Gomorrha" seinen Höhepunkt erreichte.

Vom 25. Juli bis zum 3. August 1943 flogen britische und amerikanische Flieger insgesamt sechs Angriffe auf Hamburg und warfen tausende Tonnen von Bomben über weites, dicht besiedeltes Gebiet ab. Als zweitgrößte Stadt Deutschlands und wichtiges wirtschaftliches Zentrum war Hamburg auf den Katastrophenfall vorbereitet gewesen, die Ereignisse der „Opera-

---

[504] Hier und im Folgenden: Staatsarchiv Hamburg, 133-1 II Staatsarchiv II, Nr. 53: 7323/1940 Bd. 2, Bericht von Heinrich Reincke an Carl Vincent Krogmann vom 26.9.1042.

[505] Staatsarchiv Hamburg, 133-1 II Staatsarchiv II, Nr. 53: 7323/1940 Bd. 2, Aufstellung vom 17.4.1943 über die nach Lauenstein ausgelagerten Archivalien.

[506] Weiser: Preußische Archivverwaltung, S. 201.

[507] Staatsarchiv Hamburg, 133-1 II Staatsarchiv II, Nr. 65: 571/1943, Bericht von Heinrich Reincke an Ernst Zipfel über die „Operation Gomorrha" [ohne Datum].

tion Gomorrha" übertrafen jedoch alle Befürchtungen.[508] Durch die Brennkraft der Phosphorbomben kam es zu einem Feuersturm, der die Stärke eines Orkans erreichte. Es kamen nach vorsichtigen Schätzungen 34000 Menschen ums Leben, was mehr als 80 Prozent der Hamburger Bombenopfer ausmacht. Nahezu die Hälfte der Wohnungen des bombardierten Stadtgebietes wurde zerstört und damit ca. 900000 Hamburger obdachlos. Bis Mitte August war die Stadt ohne Strom, Bahnen des öffentlichen Nahverkehrs fuhren nicht mehr. Ganze Stadtviertel wie Hammerbrook, Rothenburgsort oder Hamm-Süd wurden zum Sperrgebiet erklärt. Die Verwaltung brach vorerst zusammen.

Die erste Angriffswelle in der Nacht vom 24. auf den 25. Juli 1943 wurde von Nordwesten geflogen mit Ziel Altona und die Hamburger Innenstadt. Reincke berichtete: „Rings um das Rathaus brannte alles."[509] Das Rathaus selber und damit das Archiv blieben jedoch nahezu verschont. Zwar trafen in dieser Nacht mehrere Phosphorbomben das Rathaus, durch den Einsatz der zivilen Luftschutztruppen, bei denen auch Archivmitarbeiter tätig waren, und der Feuerwehr konnte ein Brand jedoch verhindert werden. Die Geschäftsräume des Archivs wurden durch den Luftdruck verwüstet, die Fenster zerbarsten, die eisernen Läden des Hauptmagazins hielten diesem Druck aber stand. Bis zum 3. August wurden noch weitere Angriffe während der „Operation Gomorrha" auf diese Weise ausgeführt.

Als Schaden hatte das Archiv vor allem den Verlust der Restbestände in der früheren Dienststelle Altona, die im Alten Altonaer Rathaus untergebracht waren, zu vermelden. Diese Dienststelle war erst im März 1943 aufgelöst worden, da ein den Luftschutzmaßnahmen entsprechender Umbau nicht durchgeführt werden konnte bzw. zu kostspielig war.[510] Die wichtigen Archivalien der Dienststelle waren in sichere Luftschutzräume des Hamburger Volkstheaters und des Neuen Altonaer Rathauses verbracht worden.[511] Das Alte Altonaer Rathaus brannte bis auf den Keller nieder, die restlichen dort lagernden Akten wurden komplett vernichtet. Es hatte sich

[508] Hier und im Folgenden: Büttner: „Gomorrha", S. 616–620.

[509] Hier und im Folgenden: Staatsarchiv Hamburg, 133-1 II Staatsarchiv II, Nr. 65: 571/1943, Bericht von Heinrich Reincke an Ernst Zipfel über die „Operation Gomorrha" [ohne Datum].

[510] Staatsarchiv Hamburg, 133-1 II Staatsarchiv II, Nr. 64: 235/1943, Verfügung von Carl Vincent Krogmann vom 2.3.1943.

dabei nur um, in Reinckes Augen, unwichtiges Aktengut ohne größeren Wert gehandelt: „Ihr Verlust ist zu verschmerzen."[512] Aus heutiger Sicht trifft diese Aussage jedoch nicht zu. So gingen nicht nur Akten über Prozesse des 18. und 19. Jahrhunderts verloren[513], sondern auch Unterlagen des aufklärerischen Altonaer Arztes Johann Friedrich Struensee (1737–1772).[514]

Die sonstigen Archivalien, die innerhalb Hamburgs untergebracht worden waren, überstanden den Feuersturm unbeschadet. Obwohl beispielsweise die Börse völlig ausbrannte, blieb der dortige Aktenkeller bestehen.[515] Die größte Gefahr drohte den Archivalien dann nicht von dem Feuer, sondern von dem Löschwasser. Reincke berichtete, dass bei den Angriffen in der Nacht vom 27. auf den 28. Juli 1943 die Börse erneut in Brand geriet und „unter Hülfe des Luftschutztrupps im Rathaus dauernd unter Wasser gehalten"[516] wurde. Dieses Löschwasser lief in die Keller, genauso wie im Sprinkenhof, wo einzelne vom Archiv ausgelagerte Archivalien nass wurden. Hinzu kam, dass es in den ersten beiden Augustwochen 1943 stark regnete. Durch die Beschädigung des Rathausdaches wie durch das Fehlen der Fenster führte dies auch zu Schäden in den Geschäftsräumen des Archivs.[517]

Voll des Lobes war Reincke nach dem Angriff für seine Mitarbeiter. Schon in Berichten über frühere, weitaus weniger schwere Luftangriffe auf

---

511 Staatsarchiv Hamburg, 133-1 II Staatsarchiv II, Nr. 65: 571/1943, Bericht von Heinrich Reincke an Ernst Zipfel über die „Operation Gomorrha" [ohne Datum].

512 Ebd., vgl. für eine vollständige Auflistung der Verluste der Dienststelle Altona The National Archives, PRO 30/90/11, „Report on visit to Hamburg and Schleswig Holstein Province" von C. F. Meekings [ohne Datum].

513 The National Archives, PRO 30/90/11, „Report on visit to Hamburg and Schleswig Holstein Province" von C. F. Meekings [ohne Datum].

514 Stefan Winkle: Johann Friedrich Struensee (1737–1772), Arzt, Aufklärer und Staatsmann, in: Europa in der Frühen Neuzeit. Festschrift für Günter Mühlpfordt, Bd. 7, hrsg. von Erich Donnert, Köln, Weimar und Wien 2008, S. 201–236, hier: S. 201. Struensee war von 1770 bis 1772 Regent des Dänischen Gesamtstaats und hatte dort aufklärerische Reformen umgesetzt wie beispielsweise die Einführung der Pressefreiheit.

515 Staatsarchiv Hamburg, 133-1 II Staatsarchiv II, Nr. 65: 571/1943, Bericht von Heinrich Reincke an Ernst Zipfel über die „Operation Gomorrha" [ohne Datum], S. 2.

516 Ebd.

517 Ebd.

Hamburg hatte Reincke immer wieder betont, „daß ein beherzter aktiver und beweglicher Selbstschutz alle Brandgefahr beseitigen kann".[518] Im Luftschutztrupp des Rathauses taten zur Zeit des Angriffs fünf Archivmitarbeiter Dienst, von denen vier in der Folgezeit „wegen ihres heldenhaften Einsatzes"[519] mit Kriegsverdienstkreuzen ausgezeichnet wurden.

Die Ereignisse der „Operation Gomorrha" wurden von der NS-Regierung propagandistisch genutzt. Auf Anregung Gutschows schrieb Reincke einen Artikel für das Hamburger Tageblatt mit dem Titel: „Allen Gewalten / zum Trotz sich erhalten". Darin schilderte er die Katastrophen, die in der Geschichte über Hamburg hereingebrochen waren, von Überfällen auf die Hammaburg über die Pest im 14. Jahrhundert hin zu den Katastrophen im 19. Jahrhundert mit der Vertreibung während der Franzosenzeit, dem Großen Brand und der Cholera-Epidemie. Auch den Ersten Weltkrieg, den er als „siegreichen Krieg" bezeichnete, und den Vertrag von Versailles nahm er unter die großen Katastrophen der Stadt Hamburg auf. Ein Thema durchzieht dabei den Artikel: Wie die Einwohner angeblich stolz die Katastrophen ertragen und mit dem Wiederaufbau begonnen hätten:

> „Mehr als andere deutsche Städte ist Hamburg in seiner langen Geschichte immer wieder vom Schicksal erfaßt und auf Herz und Nieren geprüft worden, ob es innerlich gesund, ob es bis zum äußersten Wiederstandsfähig [!] sei und ob es jenes eine könne: Allen Gewalten zum Trotz sich erhalten. Wir dürfen mit Stolz bekennen: stets hat die Stadt und haben ihre Bewohner auch die schwersten Proben bestanden und den alten Hamburger Spruch wahrgemacht, daß jedes Geschlecht an den Taten der Voreltern lernen solle die Ehre der Stadt auch in der Gegenwart hochzuhalten."[520]

---

518 Staatsarchiv Hamburg, 133-1 II Staatsarchiv II, Nr. 54: 7323/1940 Bd. 1, erster Schadensbericht von Heinrich Reincke an Ernst Zipfel vom 15.8.1942.

519 Staatsarchiv Hamburg, 133-1 II Staatsarchiv II, Nr. 65: 571/1943, Bericht von Heinrich Reincke an Ernst Zipfel über die „Operation Gomorrha" [ohne Datum].

520 Staatsarchiv Hamburg, 133-1 II Staatsarchiv II, Nr. 65: 599/1943, Artikel von Heinrich Reincke, am 13.9.1943 übersandt an das Hamburger Tageblatt, erschien am 16.9.1943.

Trotz dieser großen Worte war mit den Ereignissen des Feuersturms Reinckes Vertrauen in scheinbar sichere Gebäude erschüttert. Er berichtete Zipfel: „Selbst die solidesten Gebäude bieten an sich keinen absoluten Schutz – das sogenannte Patriotische Gebäude brannte total aus und mit ihm die wertvolle Bibliothek des Vereins für Hamburgische Geschichte, obwohl sie 5 Betondecken über sich hatte.“[521] Auch die Staats- und Universitätsbibliothek, damals Bibliothek der Hansestadt Hamburg, brannte aus und hatte große Verluste zu vermelden.[522] Dementsprechend erhielt die Bibliothek des Archivs, besonders die hamburgische Abteilung, einen vorher ungeahnten Wert. Die Wichtigkeit der Auslagerungen nahm nach der „Operation Gomorrha“ für Hamburg noch zu. Nachdem die für das Archiv vorgesehenen Räume im Flakturm kurzfristig mit obdachlos gewordenen Menschen besetzt waren, verteilte man übergangsweise das Bibliotheksgut des Archivs, wie auch die bereits für den Abtransport verpackten Archivalien auf die Bunker der sogenannten „toten Stadtteile“.[523] Im September 1943 begannen dann die Einlagerungen in den Flakturm.

Schon vor den Ereignissen der „Operation Gomorrha“ war die Nutzbarkeit des Archivs durch die eingeschränkten Öffnungszeiten reduziert worden. Nachdem Hamburg so schwer getroffen und nicht nur der Lesesaal zerstört war, sondern auch Personal fehlte und weitere Maßnahmen zur Auslagerung notwendig waren, wurde der Lesesaal für die Dauer des Krieges ganz geschlossen. Andere Archive hatten dies schon vorher getan, wie das Geheime Staatsarchiv Preußischer Kulturbesitz Mitte 1942.[524]

Rund zwei Monate nach der schweren Bombardierung Hamburgs wurde in der Nacht vom 8. auf den 9. Oktober 1943 das Preußische Staatsarchiv Hannover bei einem Bombenangriff getroffen. Sprengbomben durchschlugen das meterdicke Gemäuer und setzten Teile des Archivguts in Brand.

521 Staatsarchiv Hamburg, 133-1 II Staatsarchiv II, Nr. 65: 571/1943, Bericht von Heinrich Reincke an Ernst Zipfel über die „Operation Gomorrha“ [ohne Datum].

522 Siehe fortführend dazu: Klaus Garber: Verlust des kollektiven historischen Gedächtnisses. Der Untergang der alten Hamburger Stadtbibliothek im Sommer 1943, in: Auskunft 14 (1994), S. 77–91, hier: S. 88–90.

523 Staatsarchiv Hamburg, 133-1 II Staatsarchiv II, Nr. 65: 571/1943, Bericht von Heinrich Reincke an Ernst Zipfel über die „Operation Gomorrha“ [ohne Datum].

524 Staatsarchiv Hamburg, 133-1 II Staatsarchiv II, Nr. 61: 443/1942, Schreiben von einem Nutzer an das Staatsarchiv Hamburg vom 10.7.1942.

Insgesamt wurden rund 20 Prozent des Gesamtbestandes zerstört, 25 Prozent der historisch wertvollen Bestände.[525] Zipfel schrieb an die Archive: „Die letzten Terrorangriffe auf Großstädte haben gezeigt, daß es in dichtbesiedelten Stadtteilen sichere Gebäude, in denen Archivbestände unbedenklich aufbewahrt bleiben können, nicht mehr gibt."[526] Schon im September 1942 hatte Zipfel auf die Vorteile von stillgelegten Salz- und Kalibergwerken aufmerksam gemacht. Das Stadtarchiv Lübeck hatte sofort nach der Bombardierung Lübecks Maßnahmen ergriffen und ab April 1942 große Mengen an Archivalien in ein Salzbergwerk in Bernburg, Sachsen-Anhalt, ausgelagert.[527] Damit waren erstmals in der Geschichte des Archivwesens Salzbergwerke zur Unterbringung von Archivalien herangezogen worden. Bis März 1944 waren auf Anordnung Zipfels 48 Prozent der Bestände des Geheimen Staatsarchivs, unter anderem in Bergwerke, ausgelagert worden.[528]

Eine Auflistung der ausgelagerten Bestände des Hamburger Archivs zeigt, dass von den knapp 20000 m bis April 1944 „nur" knapp 3491 m ausgelagert waren, mit rund 17,5 Prozent nicht einmal ein Viertel. Bis auf insgesamt 28 m, die wichtigen Urkunden, die in Lauenstein und Koblenz lagerten, waren diese Archivalien innerhalb Hamburgs untergebracht.[529] Reincke begann sich im Juli 1944 aktiv bei verschiedenen Bergwerken zu

525 Manfred Hamann: Geschichte des Niedersächsischen Hauptstaatsarchivs in Hannover. 2. Teil, in: Hannoversche Geschichtsblätter 42 (1988), S. 35–119, hier: S. 81.

526 Staatsarchiv Hamburg, 133-1 II Staatsarchiv II, Nr. 62: 896/1942, Rundschreiben von Ernst Zipfel vom 27.10.1943.

527 Antjekathrin Graßmann: Nun ist es schon Geschichte. Die Rückkehr der hanseatischen Archivalien aus dem Osten vor zwanzig Jahren, in: Aus erster Quelle. Beiträge zum 300-jährigen Jubiläum des Staatsarchivs Hamburg, hrsg. von Joachim W. Frank und Thomas Brakmann (Veröffentlichungen aus dem Staatsarchiv der Freien und Hansestadt Hamburg, 22), Hamburg 2013, S. 105–123, hier: S. 106.

528 Weiser: Preußische Archivverwaltung, S. 202.

529 Staatsarchiv Hamburg, 133-1 II Staatsarchiv II, Nr. 62: 896/1942, Liste erstellt von dem Magazinverwalter Carl Etienne vom 1.4.1944. Darin wird ausgeführt, dass 1900 m im Börsenkeller untergebracht waren, 600 m im Flakturm auf dem Heiligengeistfeld, 225 m im Bunker Wielandstraße sowie dort auch 8 m Urkunden und 100 m Bibliotheksgut, 230 m im Sprinkenhof, 200 m in der Lesserspassage in Altona, 200 m im Neuen Rathaus Altona, 25 m in Lauenstein und 3 m auf der Festung Ehrenbreitstein. Zur genauen Verteilung siehe: Staatsarchiv Hamburg, 133-1 III Staatsarchiv III, Nr. 203-2/7 Bd. 1: Verzeichnisse der ausgelagerten Archivalien.

erkundigen, ob dort die Unterbringung hamburgischen Archivguts möglich sei. Letztendlich stand im Salzbergwerk Grasleben in der Nähe von Helmstedt, knapp 40 km östlich von Braunschweig, noch Raum zur Verfügung. Ende August 1944 wurden die ersten Güterwagen mit Archivalien dorthin geschickt. Für die Vorbereitung der insgesamt sieben Güterwagen, die im August 1944 nach Grasleben abfuhren, wurden vom Archiv in der Zeit vom 16. bis zum 22. August 1944 sechs italienische Kriegsgefangene als „Arbeiter" beschäftigt.[530] Reincke berichtete am 31. August 1944 an Bürgermeister Krogmann, dass 2500 m Akten nach Grasleben gebracht „und dort bombensicher und trocken 420 Meter unter der Erde ordnungsmäßig gestapelt worden"[531] seien. Unter den Akten waren unter anderem die gesamten Senatsprotokolle, alle Kirchenbücher, die Auswandererlisten, die Stadtrechnungen von 1370 bis zum 19. Jahrhundert sowie die wertvollsten Hamburgensien der Bibliothek.[532] Einige dieser Akten stammten aus den bisherigen Auslagerungsorten in Hamburg, wie beispielsweise die Kirchenbücher, die vorher im Flakturm untergebracht waren. Dort hatte Reincke sie vorher für sicher gehalten und außerdem hatte er sie dort aufstellen lassen können. Mit der Auslagerung nach Grasleben wurden diese Bestände auf lange Zeit unbenutzbar. In Kisten verpackt stand die Sicherung der Archivalien und nicht der Erhalt der Ordnung im Vordergrund. Bis Kriegsende wurden noch weitere Transporte nach Grasleben durchgeführt. Unter anderem wurden auch aktuelle Akten zu den Luftangriffen auf Lübeck 1942 sowie zu den Angriffen auf Hamburg im Rahmen der „Operation Gomorrha" dort eingelagert.[533]

Die Frage, was ausgelagert werden sollte, war sehr schwierig. Einen Eindruck davon vermittelt ein Rundschreiben von Zipfel vom 28. September 1942 zum Thema „Geldliche Bewertung von Archivalien". Darin schreibt

---

530 Staatsarchiv Hamburg, 133-1 II Staatsarchiv II, Nr. 22: 16524/1936, Abrechnungsliste vom Kriegsgefangenen-Mannschafts-Stammlager X A Schleswig [ohne Datum]. Diese Liste ist abgesehen von einem Arbeitsausweis, die einzige zu ermittelnde Quelle über den Einsatz.

531 Staatsarchiv Hamburg, 133-1 II Staatsarchiv II, Nr. 53: 7323/1940 Bd. 2, Bericht von Heinrich Reincke an Carl Vincent Krogmann vom 31.8.1944.

532 Ebd.

533 Staatsarchiv Hamburg, 133-1 II Staatsarchiv II, Nr. 53: 7323/1940 Bd. 2, Bericht von Erich von Lehe vom 2.12.1944.

er, dass ihm selbstverständlich bewusst sei, dass der ideelle Wert der Akten nicht zu bewerten sei, im Falle des Verlustes müsse jedoch klar sein, mit wie viel Geld die Archivalien versichert seien.[534] Dabei wurde zwischen Urkunden und Akten unterschieden, innerhalb der Urkunden zwischen Privaturkunden und Kaiser- und Königsurkunden. Es wurde empfohlen eine Privaturkunde aus dem 13. Jahrhundert in Gebieten mit armer Überlieferung mit 200 Reichsmark zu bewerten, großformatige Privilegien aus den Jahren 1273 bis 1346 mit 300 Reichsmark. Drei Meter Akten aus dem 19. oder 20. Jahrhundert dagegen sollten mit 50 bis 100 Reichsmark angegeben werden.[535] Ein Abbild des damaligen Geschichtsverständnisses ist Reinckes Empörung Zipfel gegenüber: Ist „1 laufender Meter gleichgültiger Verwaltungsakten des 19. Jahrhunderts wirklich einem Diplom Rudolfs von Habsburg gleichwertig?"[536] Zipfel teilte Reinckes Brief in einem weiteren Rundschreiben den anderen Archiven mit und stimmte ihm zu.[537]

Mit der zunehmenden Bombardierung Koblenz' im Laufe des Jahres 1944 stieg die Bedrohung für das Kulturgut auf der Festung Ehrenbreitstein. Im September 1944 erhielt Reincke von Kaufmann die Anordnung, dass auch diese wertvollsten der Hamburger Archivalien nach Grasleben überführt werden sollten. Am 25. September 1944 machte sich Reincke persönlich mit zwei seiner Mitarbeiter und einem Fahrer mit einem LKW auf den Weg nach Koblenz.[538] Die Fahrt war äußerst beschwerlich: Sie wurde immer wieder unterbrochen von Fliegeralarmen und militärischen Kontrollen. Unterkünfte waren nicht verfügbar, da das Militär dort einquartiert war, die Straße zur Festung selber war durch Sprengtrichter unbefahrbar, so dass auf steilen Nebenwegen der Weg durch das Rheintal gefunden werden musste. Auf dem Rückweg mussten die Männer bei einem Bauern im

---

[534] Staatsarchiv Hamburg, 133-1 II Staatsarchiv II, Nr. 62: 1102/1942, Rundschreiben von Ernst Zipfel vom 28.9.1942.

[535] Ebd.

[536] Staatsarchiv Hamburg, 133-1 II Staatsarchiv II, Nr. 62: 1102/1942, Schreiben von Heinrich Reincke an Ernst Zipfel vom 24.10.1942.

[537] Staatsarchiv Hamburg, 133-1 II Staatsarchiv II, Nr. 62: 1102/1942, Rundschreiben von Ernst Zipfel vom 21.12.1942.

[538] Hier und im Folgenden: Staatsarchiv Hamburg, 133-1 II Staatsarchiv II, Nr. 53: 7323/1940 Bd. 2, Bericht von Heinrich Reincke an Carl Vincent Krogmann [ohne Datum].

Heu übernachten. Eine ähnlich abenteuerliche Reise unternahm von Lehe Ende November 1944 bei der Überführung von 43 Kisten mit Beständen des Archivs und der Bibliothek der Hansestadt Hamburg nach Grasleben. Sein Bericht darüber endet mit der Empfehlung, dass das völlig zerstörte Braunschweig das nächste Mal umfahren werden solle, da dort weder Straßenschilder vorhanden waren, noch Verkehrsposten oder Passanten anzutreffen seien.[539] Im März 1945 fand der letzte Transport nach Grasleben statt.[540] Immer wiederkehrende Probleme waren die Beschaffung von Transportmöglichkeiten und die Zuteilung von genügend Treibstoff. Planungen für weitere Transporte wurden nicht verwirklicht, da das Kriegsende weitere Maßnahmen überflüssig machte.[541]

Bei der Konzentration auf die Sicherung der Archivalien gegen die Gefahren des Luftkrieges wurden die Gefahren eines Bodenkrieges verdrängt. Am 1. Mai 1942 hatte Zipfel mitgeteilt, „die Gefahr der Beschädigung der zerstreuten Archivaliendepots durch feindliche Erdstreitkräfte, kommt auf deutschem Boden nicht mehr in Betracht."[542] Je mehr das Reich zum Ende des Krieges in Bedrängnis geriet und je näher die alliierten Truppen rückten, desto akuter wurde jedoch diese Gefahr. Die Bergwerke waren wegen ihrer Sicherheit gegen Luftangriffe ausgesucht worden, boten jedoch keinen Schutz vor Angriffen von Bodentruppen, eine Problematik, die sich besonders nach Kriegsende bemerkbar machte.

Offiziell endete der Zweite Weltkrieg in Deutschland am 8. Mai 1945, Kaufmann hatte Hamburg am 3. Mai 1945 kampflos übergeben. Im September 1945 erhielt das Staatsarchiv bereits die Erlaubnis, die Archivalien aus der Auslagerung in Grasleben zurückholen zu dürfen.[543] Der erste

[539] Staatsarchiv Hamburg, 133-1 II Staatsarchiv II, Nr. 53: 7323/1940 Bd. 2, Bericht von Erich von Lehe vom 2.12.1944.

[540] Staatsarchiv Hamburg, 133-1 II Staatsarchiv II, Nr. 67: 86/1945, Schreiben von Heinrich Reincke an Carl Vincent Krogmann vom 12.3.1945, das genaue Datum der letzten Auslagerung ist nicht genannt.

[541] Staatsarchiv Hamburg, 133-1 II Staatsarchiv II, Nr. 67: 79/1945, Schreiben von Erich von Lehe an das Landwirtschaftsamt vom 13.4.1945.

[542] Staatsarchiv Hamburg, 133-1 II Staatsarchiv II, Nr. 62: 896/1942, Mitteilung von Ernst Zipfel an das Archiv vom 1.5.1942.

[543] Staatsarchiv Hamburg, 133-1 II Staatsarchiv II, Nr. 53: 4849/1940, Schreiben von Heinrich Reincke an Ernst Zipfel vom 11.10.1945.

Rücktransport aus Grasleben mit den Findmitteln und den wertvollsten Beständen der Threse traf am 24. Dezember 1945 in Hamburg ein. Die 22 Kisten waren dabei aufgebrochen worden und einzelne Stücke fehlten.[544] Der Rest aus Grasleben gelangte im Laufe des Januars 1946 zurück, wobei das Archivgut zum großen Teil durch einen Brand, bei dem Bremer Archivalien zerstört worden waren, in Mitleidenschaft gezogen worden war.[545] Andere Archivalien waren schon im Verlauf der Auslagerungen verloren gegangen.[546]

Das größte Sorgenkind des Hamburger Archivs wurden die nach Lauenstein ausgelagerten Archivalien, unter anderem die von Salomon bearbeiteten Avignon-Akten, die sich nach Kriegsende in der sowjetischen Besatzungszone befanden. Sie waren im Februar 1946 von einer russischen Einheit abtransportiert worden.[547] Es sollte bis nach dem Zusammenbruch der Sowjetunion dauern, bis die letzten wichtigen Hamburger Archivalien, darunter 1500 Urkunden der Threse und die Originale der Acta Avinionensia, 1990 zurückkehrten.[548] Bis heute fehlen noch um die 250 Archivalien, davon 150 Urkunden.[549] Die nationalsozialistische Herrschaft hat also bis heute ihre Spuren im hamburgischen Staatsarchiv hinterlassen.

---

544 Staatsarchiv Hamburg, 131-1 II Senatskanzlei – Gesamtregistratur II, Nr. 766: Tätigkeitsbericht vom 26.1.1946 [erstellt von Hans Kellinghusen], Bl. 1.

545 Ebd., vgl. auch: Graßmann: Rückkehr, S. 107.

546 So wurden 1944 abgelieferte Archivalien bis 1961 nicht wiedergefunden, Staatsarchiv Hamburg, 133-1 II Staatsarchiv II, Nr. 63: 1270/1942, Aktennotiz vom 24.2.1961.

547 Staatsarchiv Hamburg, 133-1 III Staatsarchiv III, Nr. 203-2/1 Bd. 1: Schreiben der Kulturverwaltung an das Staatsarchiv vom 22.5.1947.

548 Graßmann: Rückkehr, S. 115 und S. 120. 1998 gab es die letzte Rückführung von ausgelagerten Archivalien, bei denen es sich jedoch für Hamburg um eher „minderwichtige Unterlagen" handelte, vgl. ebd., S. 122.

549 Ebd.

6. Schluss

Zweifellos wurde das Staatsarchiv Hamburg gravierend von der nationalsozialistischen Herrschaft beeinflusst. In den ersten Jahren seit 1933 wurde die Arbeit komplett von der Ausstellung der Ariernachweise beherrscht. Die Anzahl der Mitarbeiter steigerte sich erheblich, von der Belegschaft war mehr als die Hälfte für personenkundliche Zwecke eingespannt. Andere wichtige Archivarbeiten blieben unerledigt. Dabei unterschied sich der Umgang mit jüdischen Nutzern nicht von dem mit „arischen". Die Tatsache, dass es sich um Juden handelte, wurde jedoch an die zuständigen Stellen wie die Gaupersonalämter, die RfS oder das RuSHA weitergeleitet. Die Archivare wurden spätestens dadurch aktive Helfer im Kontrollstaat der Nationalsozialisten.

Auch die archivarische Kernarbeit erfuhr eine Veränderung durch die Politik der Nationalsozialisten. Personalakten wurden in größerem Umfang als vorher aufbewahrt und jüdische Archivalien wurden gegen den Willen der Besitzer ins Archiv verbracht. Bei der Bewertung wurde mehr Betonung auf Akten mit personenkundlicher Relevanz gelegt. In den Kriegsjahren war die vornehmliche Arbeit mit verringertem Personalbestand die Archivalien vor den Auswirkungen des Krieges, vor allem der Bombardierungen, in Sicherheit zu bringen, so dass von regulärer Archivarbeit keine Rede mehr sein konnte. Auch hier spielten die Ariernachweise eine Rolle, da die dafür wichtigen Quellen gesondert behandelt wurden. Die wichtigsten Archivalien wurden entweder innerhalb Hamburgs, nach Koblenz, Lauenstein oder, im letzten Kriegsjahr, in ein Salzbergwerk bei Helmstedt ausgelagert. Teilweise unter Gefährdung ihres eigenen Lebens retteten die Archivare die Dokumente.

Die Bedeutung, die die Archivare selber, namentlich Reincke und Kellinghusen, hatten, ist maßgeblich. Inwiefern hätten sie sich gegen die Auswirkungen der NS-Politik wehren können? Hätten sie sich weigern können, Ariernachweise auszustellen? Dies gewiss nicht, ohne ihre Arbeitsstelle zu verlieren. Ob sich diese Frage für sie überhaupt stellte, ist jedoch äußerst fraglich. Kellinghusen sorgte auf eigene Initiative dafür, dass Gaupersonalämter von der Existenz jüdischer Einwohner erfuhren, während Reincke versuchte, dass die Arbeit an den Ariernachweisen ohne Probleme fortgeführt werden konnte, wenn er beispielsweise die jüdischen Register von der Gestapo ins Archiv überführen ließ. Weder in seiner Forschung noch während seines ehrenamtlichen Engagements im VHG oder bei den Deutschen Christen lässt sich anhand der ausgewerteten Quellen eine kritische Haltung gegenüber dem Nationalsozialismus erkennen.

Aus den Geschäftsakten des Staatsarchivs, die die Grundlage dieser Arbeit bilden, ist eine persönliche Sicht der Archivare kaum zu erkennen. Es lässt sich jedoch feststellen, dass die wissenschaftlichen Archivare in ihrer Arbeit immer regierungskonform gehandelt haben. Inwiefern eine persönliche nationalsozialistische Einstellung dafür vonnöten war, soll an dieser Stelle nicht beurteilt werden. Die Archivare machten ihre Arbeit, immer bemüht, sie bis ins letzte Detail, teils im vorauseilendem Gehorsam, auszuführen. Damit unterstützten sie die staatlichen Repressionen gegen die jüdische Minderheit.

Es sei darauf hingewiesen, dass vor allem Reincke als Archivar und Direktor des Staatsarchivs genau über die Lage Hamburgs informiert war. Während ein Großteil der Bevölkerung durch die Propaganda gar nicht oder falsch informiert wurde, wusste Reincke gut Bescheid. So nahm er nicht nur an den Senatsberatungen teil, sondern wusste durch die Übernahme bestimmter Archivalien schon frühzeitig, wie stark Hamburg durch die „Operation Gomorrha" wirklich getroffen worden war und wie sehr die deutsche Luftabwehr wirklich versagt hatte. Außerdem mussten sich die Archivare darüber bewusst gewesen sein, dass willentlich eine Minderheit ausgegrenzt, verfolgt und misshandelt wurde, wenn ihnen nicht sogar die Folgen der Deportationen klar waren.

Die Durchsicht der Quellen lässt außerdem den Verdacht entstehen, dass die Akten nachkassiert wurden, dass also archivwürdige Teile der Geschäftsakten nachträglich vernichtet wurden. Beispielsweise tauchen von Kellinghusen erwähnte Berichte an staatliche und parteiliche Stellen über die Juden, die im Staatarchiv Ariernachweise angefordert hatten, in keiner Akte auf, obwohl es sie seit 1933 gegeben haben muss.[550]

---

550 Staatsarchiv Hamburg, 133-1 II Staatsarchiv II, Nr. 53: 4184/1940, Schreiben von Hans Kellinghusen an Dresler vom 7.12.1937, sowie: Staatsarchiv Hamburg, 133-1 II Staatsarchiv II, Nr. 23: 19340/1936, Schreiben von Hans Kellinghusen an Franz Josef Knöpfler vom 7.10.1936.

Dass die Aufklärung der Vergangenheit des Staatsarchivs im Nationalsozialismus bis 2010, bis Sielemanns Vortrag, warten musste, findet seine Gründe in der personellen Kontinuität. Reincke, Kellinghusen, Möller und von Lehe waren zeit ihres Lebens, und von Lehe starb 1983, dem Archiv eng verbunden. Alle vier, vor allem Reincke, waren als Archivare und Historiker hoch angesehen. Es ist nicht auszuschließen, dass treue Archivmitarbeiter, eventuell die vier wissenschaftlichen Archivare selber, die eigenen Akten nachkassiert und belastendes Material vernichtet haben. Zudem ist es auch denkbar, dass Akten kurz vor und unmittelbar nach Kriegsende systematisch vernichtet worden sind.

Die wissenschaftliche Aufarbeitung dieses Kapitels der Geschichte des Staatsarchivs musste über 60 Jahre warten. Erst anlässlich des Jubiläums des Archivs 2010 sind die Geschäftsakten des Staatsarchivs überhaupt verzeichnet und so für Nutzer problemlos zugänglich gemacht worden. Mit Sielemanns Vortrag zum selbigen Jubiläum wurde der erste große Schritt gemacht, die vorliegende Arbeit hat diesen Weg weiter beschritten. Wie die Archivare nach dem Krieg zu ihren Taten standen, ist dagegen bisher noch nicht erforscht. Erste Maßnahmen ergriff Jürgen Bolland, Kurt Detlev Möllers Nachfolger im Amt des Archivdirektors. Unter seiner Leitung wurden erste Schritte in Richtung Wiedergutmachung getan. So war er es, der Richard Salomon für die Fertigstellung der Edition der Avignon-Akten gewinnen konnte und unter seiner Leitung wurde die Autobiographie Leo Lippmanns sowie ein erstes Gedenkbuch über die jüdischen Opfer der Deportationen aus Hamburg herausgegeben.[551] Wie es jedoch sein konnte, dass Reincke, Kellinghusen, Möller und von Lehe unbehelligt weiter ihre Ämter ausführen konnten und Ehrungen erhielten, muss an anderer Stelle aufgearbeitet werden.

[551] [Ohne Verfasser]: Die jüdischen Opfer des Nationalsozialismus in Hamburg, Hamburg 1965.

7. Quellenverzeichnis

7.1 Ungedruckte Quellen

Staatsarchiv der Freien und Hansestadt Hamburg

131-1 II Senatskanzlei – Gesamtregistratur II
131-6 Staatsamt
131-10 I Senatskanzlei – Personalabteilung I
131-15 Senatskanzlei – Personalakten
133-1 II Staatsarchiv II
133-1 III Staatsarchiv III
221-11 Staatskommissar für die Entnazifizierung und Kategorisierung
622-2/37 Hans Kellinghusen
731-1 Handschriftensammlung
731-8 Zeitungsausschnittssammlung
Findbuch zu Bestand 622-1/381 von Lehe, darin enthaltener Lebenslauf von Erich von Lehe, vermutlich von ihm selber verfasst.

The National Archives, Kew/England

PRO 30/90 Cecil Anthony Francis Meekings: Papers

7.2 Gedruckte Quellen

Bundesgesetzblatt Teil I, Jahrgang 2007.

Feldscher, Werner: Rassen- und Erbpflege im deutschen Recht (Rechtspflege und Verwaltung. Schriftenreihe für Ausbildung und Praxis, 3), Berlin, Leipzig, Wien 1943.

Hauptverwaltungsamt (Hg.): Handbuch der Hansestadt Hamburg 1939, Hamburg 1939.

Isenburg, W[ilhelm] K[arl] Prinz von: Sippen- und Familienforschung (Studienführer I, 20), Heidelberg 1943.

Kellinghusen, Hans: Das Amt Bergedorf. Geschichte seiner Verfassung und Verwaltung bis 1620, Hamburg 1908.

Kellinghusen, Hans: Das Staatsarchiv und die Personenforschung, hrsg. vom Hamburgischen Staatsamt (Hamburg im Dritten Reich, 3), Hamburg 1935.

Kellinghusen, Hans: Heinrich Reincke. Nachruf, in: ZHG 47 (1961), S. 1–15.

Lehe, Erich von: Grenzen und Ämter im Herzogtum Bremen. Altes Amt und Zentralverwaltung Bremervörde, Land Wursten und Gogericht Achim (Veröffentlichungen der Historischen Kommission für Niedersachsen und Bremen, 2), Göttingen 1926.

Lehe, Erich von: Nachruf Hans Kellinghusen, in: Der Archivar 24 (1971), Sp. 457 f.

Lippmann, Leo: Mein Leben und meine amtliche Tätigkeit. Erinnerungen und ein Beitrag zur Finanzgeschichte Hamburgs, aus dem Nachlass hrsg. von Werner Jochmann (Veröffentlichungen des Vereins für Hamburgische Geschichte, 19), Hamburg 1964.

Loose, Hans-Dieter: Dr. phil. Erich von Lehe. Nachruf, in: ZHG 70 (1984), S. 1–9.

Möller, Kurt Detlev: Beiträge zur Geschichte des kirchlichen und religiösen Lebens in Hamburg in den ersten Jahrzehnten des 19. Jahrhunderts, Hamburg 1926.

Möller, Kurt Detlev: Geschichte und Leben, in: ZHG 38 (1939), S. 1–27.

Möller, Kurt Detlev; Tecke, Annelise (Hg.): Bücherkunde zur Hamburgischen Geschichte. 1. Teil: Verzeichnis des Schrifttums der Jahre 1900–1937, Hamburg 2002 (Reprint der Ausgabe von 1939).

[Ohne Verfasser]: Auszeichnung für den Forscher Prof. Hans Kellinghusen, in: Die Welt, 10.12.1966.

[Ohne Verfasser]: Hamburgische Kirchenzeitung, Ausgabe Nr. 8/1933 vom 19.8.1933, Nr. 9/1933 vom 20.9.1933, Nr. 3/1934 vom 22.3.1934.

Reichsgesetzblatt Teil I, Download unter: http://alex.onb.ac.at/tab_dra.htm (Stand: 20.2.2014).

Reincke, Heinrich: Der alte Reichstag und der neue Bundesrat (Abhandlungen aus dem Staats-, Verwaltungs- und Völkerrecht, 2,1), Tübingen 1906.

Reincke, Heinrich: Hamburg. Ein Abriß der Stadtgeschichte von den Anfängen bis zur Gegenwart, Bremen 1925.

Reincke, Heinrich; Hävernick, Walter; Schlotterer, Gustav (Hg.): Hamburg. Einst und Jetzt, Hamburg 1933 (überarbeitete Ausgabe von „Hamburg. Ein Abriß der Stadtgeschichte").

Reincke, Heinrich: Eingliederung in den Reichsverein (RSW), in: Zeitschrift für niedersächsische Familienkunde (1934), S. 169.

Reincke, Heinrich (Hg.): Hamburgs Weg zum Reich und in die Welt. Urkunden zur 750-Jahr-Feier des Hamburger Hafens, Hamburg 1939.

Reincke, Heinrich: Dr. Kurt Detlev Möller, in: ZHG 44 (1958), S. 11–26.

Reincke, Heinrich: Hamburg am Vorabend der Reformation, aus dem Nachlass hrsg., eingeleitet und ergänzt von Erich von Lehe (Arbeiten zur Kirchengeschichte, 8), Hamburg 1966.

Salomon, Richard: Die Avignonesischen Akten des Hamburger Staatsarchivs. Ein Arbeitsbericht und eine Anleitung zur weiteren Bearbeitung, Hamburg 1937.

Salomon, Richard: Aus den Avignon-Akten des Hamburgischen Staatsarchivs, in: ZHG 49/50 (1964), S. 29–40.

Salomon, Richard: Rat und Domkapitel von Hamburg um die Mitte des 14. Jahrhunderts. Teil 1: Die Korrespondenz zwischen dem Hamburger Rat und seinen Vertretern an der päpstlichen Kurie in Avignon 1337 bis 1359 (Veröffentlichungen aus dem Staatsarchiv der Freien und Hansestadt Hamburg, 9), Hamburg 1968.

Statistisches Jahrbuch für die Freie und Hansestadt Hamburg 1929/30, hrsg. vom Statistischen Landesamt, Hamburg 1930.

Statistisches Jahrbuch für die Freie und Hansestadt Hamburg 1935/36, hrsg. vom Statistischen Landesamt, Hamburg 1936.

Ulmenstein, Christian Ulrich von: Der Abstammungsnachweis, 3. Aufl., Berlin 1937.

8. Literaturverzeichnis

Asendorf, Manfred: Von verschämtem Antisemitismus zum „Arierparagraphen“ – der Verein für Hamburgische Geschichte und die Ausgrenzung seiner jüdischen Mitglieder, in: Blätter für deutsche Landesgeschichte 141/142 (2005/2006), S. 159–287.

Asendorf, Manfred: Art. Lehe, Erich von, in: Hamburgische Biografie. Personenlexikon. Bd. 4, hrsg. von Franklin Kopitzsch und Dirk Brietzke, Hamburg 2008, S. 211–213.

Bajohr, Frank: Hamburgs „Führer“. Zur Person und Tätigkeit des Hamburger NSDAP-Gauleiters Karl Kaufmann (1900–1969), in: Hamburg in der NS-Zeit. Ergebnisse neuerer Forschungen, hrsg. von Frank Bajohr und Joachim Szodrzynski (Forum Zeitgeschichte, 5), Hamburg 2005, S. 59–91.

Bajohr, Frank; Szodrzynski, Joachim (Hg.): Hamburg in der NS-Zeit. Ergebnisse neuerer Forschungen (Forum Zeitgeschichte, 5), Hamburg 2005.

Beiträge zur Geschichte des Staatsarchivs der Freien und Hansestadt Hamburg (Veröffentlichungen aus dem Staatsarchiv der Freien und Hansestadt Hamburg, 5), Hamburg 1960.

Bischoff, Frank M.; Honigmann, Peter (Hg.): Jüdisches Archivwesen. Beiträge zum Kolloquium aus Anlass des 100. Jahrestages der Gründung des Gesamtarchivs der deutschen Juden zugleich 10. Archivwissenschaftliches Kolloquium der Archivschule Marburg, 13.–15. September 2005 (Veröffentlichungen der Archivschule Marburg, 45), Marburg 2007.

Böhme, Klaus; Lohalm, Uwe; Rönn, Peter von (Hg.): Wege in den Tod. Hamburgs Anstalt Langenhorn und die Euthanasie in der Zeit des Nationalsozialismus (Forum Zeitgeschichte, 2), Hamburg 1993.

Bolland, Jürgen: Der erste hamburgische Archivar Nicolaus Stampeel, in: Beiträge zur Geschichte des Staatsarchivs der Freien und Hansestadt Hamburg (Veröffentlichungen aus dem Staatsarchiv der Freien und Hansestadt Hamburg, 5), Hamburg 1960, S. 1–12.

Burleigh, Michael: Germany turns eastwards. A study of Ostforschung in the Third Reich, Cambridge u. a. 1989.

Bussche, Hendrik van den (Hg.): Medizinische Wissenschaft im „Dritten Reich“. Kontinuität, Anpassung und Opposition an der Hamburger Medizinischen Fakultät (Hamburger Beiträge zur Wissenschaftsgeschichte, 5), Berlin 1989.

Büttner, Ursula: Der Aufstieg der NSDAP, in: Hamburg im „Dritten Reich“, hrsg. von der Forschungsstelle für Zeitgeschichte in Hamburg, 2., durchgesehene Aufl., Hamburg 2008, S. 27–65.

Büttner, Ursula: „Gomorrha“ und die Folgen. Der Bombenkrieg, in: Hamburg im Dritten Reich, hrsg. von der Forschungsstelle für Zeitgeschichte in Hamburg, 2. durchgesehene Aufl., Hamburg 2008, S. 613–632.

Conway, Martin: Collaboration in Belgium. Léon Degrelle and the Rexist Movement 1940–1944, New Haven, London 1993.

Donnert, Erich (Hg.): Europa in der Frühen Neuzeit. Festschrift für Günter Mühlpfordt, Bd. 7: Unbekannte Quellen, Weimar 1997.

Eckardt, Hans Wilhelm; Gabrielsson, Peter (Hg.): Zwischen Verwaltung und Wissenschaft. Beiträge zur Geschichte und Gegenwart des Staatsarchivs Hamburg (Beiträge zur Geschichte Hamburgs, 26), Hamburg 1985.

Ehrenreich, Eric: The Nazi Ancestral Proof. Genealogy, Racial Science, and the Final Solution, Bloomington (IN) 2007.

Flamme, Paul; Gabrielsson, Peter; Lorenzen-Schmidt, Klaus-Joachim: Kommentierte Übersicht über die Bestände des Staatsarchivs der Freien und Hansestadt Hamburg (Veröffentlichungen aus dem Staatsarchiv der Freien und Hansestadt Hamburg, 14), 2. erw. Aufl., Hamburg 1999.

Forschungsstelle für Zeitgeschichte in Hamburg und Institut für die Geschichte der deutschen Juden (Hg.): Die Deportation der Hamburger Juden 1941–1945, Hamburg 2002.

Forschungsstelle für Zeitgeschichte in Hamburg (Hg.): Hamburg im „Dritten Reich“, 2. durchgesehene Aufl., Göttingen 2008.

Frank, Joachim W.; Brakmann, Thomas (Hg.): Aus erster Quelle. Beiträge zum 300-jährigen Jubiläum des Staatsarchivs Hamburg (Veröffentlichungen aus dem Staatsarchiv der Freien und Hansestadt Hamburg, 22), Hamburg 2013.

Franz, Eckart G.: Einführung in die Archivkunde, 6. überarb. Aufl., Darmstadt 2004.

Freimark, Peter: Vom Hamburger Umgang mit der Geschichte einer Minderheit, in: Juden in Deutschland. Emanzipation, Integration, Verfolgung und Vernichtung. 25 Jahre Institut für die Geschichte der deutschen Juden Hamburg, hrsg. von Peter Freimark, Alice Jankowski und Ina Lorenz, Hamburg 1991, S. 466–477.

Freimark, Peter; Jankowski, Alice; Lorenz, Ina: Juden in Deutschland. Emanzipation, Integration, Verfolgung und Vernichtung. 25 Jahre Institut für die Geschichte der deutschen Juden Hamburg, Hamburg 1991.

Gabrielsson, Peter: „... anstelle einer Historischen Kommission" – Zum Zusammenwirken von Staatsarchiv und Verein für Hamburgische Geschichte, in: Zwischen Verwaltung und Wissenschaft. Beiträge zur Geschichte und Gegenwart des Staatsarchivs Hamburg, hrsg. von Hans Wilhelm Eckardt und Peter Gabrielsson (Beiträge zur Geschichte Hamburgs, 26), Hamburg 1985, S. 23–36.

Garber, Klaus: Verlust des kollektiven historischen Gedächtnisses. Der Untergang der alten Hamburger Stadtbibliothek im Sommer 1943, in: Auskunft 14 (1994), S. 77–91.

Graßmann, Antjekathrin: Nun ist es schon Geschichte: Die Rückkehr der hanseatischen Archivalien aus dem Osten vor zwanzig Jahren, in: Aus erster Quelle. Beiträge zum 300-jährigen Jubiläum des Staatsarchivs Hamburg, hrsg. von Joachim W. Frank und Thomas Brakmann (Veröffentlichungen aus dem Staatsarchiv der Freien und Hansestadt Hamburg, 22), Hamburg 2013, S. 105–123.

Grolle, Joist: Hamburg und seine Historiker, Hamburg 1997.

Grolle, Joist: Art. Reincke, Heinrich, in: Hamburgische Biografie. Personenlexikon. Bd. 1, hrsg. von Franklin Kopitzsch und Dirk Brietzke, Hamburg 2001, S. 248 f.

Grolle, Joist: Art. Möller, Kurt Detlev, in: Hamburgische Biografie. Personenlexikon. Bd. 2, hrsg. von Franklin Kopitzsch und Dirk Brietzke, Hamburg 2003, S. 291 f.

Grolle, Joist; Lorenz, Ina: Der Ausschluss der jüdischen Mitglieder aus dem Verein für Hamburgische Geschichte. Ein lange beschwiegenes Kapitel der NS-Zeit (Mit biografischem Anhang), in: ZHG 93 (2007), S. 1–145.

Grolle, Joist; Schmoock, Matthias (Hg.): Spätes Gedenken. Ein Geschichtsverein erinnert sich seiner ausgeschlossenen jüdischen Mitglieder (Hamburgische Lebensbilder, 21), Hamburg 2009.

Hamann, Manfred: Geschichte des Niedersächsischen Hauptstaatsarchivs in Hannover. 2. Teil, in: Hannoversche Geschichtsblätter 42 (1988), S. 35–119.

Heiber, Helmut: Walter Frank und sein Reichsinstitut für Geschichte des neuen Deutschlands (Quellen und Darstellungen zur Zeitgeschichte, 13), Stuttgart 1966.

Heinemann, Isabel: „Rasse, Siedlung, deutsches Blut". Das Rasse- und Siedlungshauptamt der SS und die rassenpolitische Neuordnung Europas (Moderne Zeit, 2), Göttingen 2003.

Hering, Rainer: Art. Schöffel, Johann Simon, in: Hamburgische Biografie. Personenlexikon. Bd. 1, hrsg. von Franklin Kopitzsch und Dirk Brietzke, Hamburg 2001, S. 275 f.

Hering, Rainer: Das Führerprinzip in der Hamburger Kirche. Vor 70 Jahren: Amtseinführung des ersten Hamburger Landesbischofs am 11. Juni 1933 (Veröffentlichungen des Archivs des Kirchenkreises Alt-Hamburg, 18), Hamburg 2003.

Hering, Rainer; Schenk, Dietmar (Hg.): Wie mächtig sind Archive? Perspektiven der Archivwissenschaft (Veröffentlichungen des Landesarchivs Schleswig-Holstein, 104), Hamburg 2013.

Herrmann, Matthias: Das Reichsarchiv (1919–1945). Eine archivische Institution im Spannungsfeld der deutschen Politik. Bd. 2, Berlin 1994.

Honigmann, Peter: Geschichte des jüdischen Archivwesens in Deutschland, in: Der Archivar 55 (2002), S. 223–230.

Kasten, Bernd; Manke, Matthias; Wurm, Johann Peter (Hg.): Leder ist Brot. Beiträge zur norddeutschen Landes- und Archivgeschichte. Festschrift für Andreas Röpcke, Schwerin 2011.

Kausche, Dietrich: Das Groß-Hamburg-Gesetz und das Staatsarchiv Hamburg, in: Beiträge zur Geschichte des Staatsarchivs der Freien und Hansestadt Hamburg (Veröffentlichungen aus dem Staatsarchiv der Freien und Hansestadt Hamburg, 5), Hamburg 1960, S. 133–152.

Kopitzsch, Franklin; Brietzke, Dirk (Hg.): Hamburgische Biografie. Personenlexikon, Hamburg 2003.

Kretzschmar, Robert (Red.): Das deutsche Archivwesen und der Nationalsozialismus. 75. Deutscher Archivtag 2005 in Stuttgart (Tagungsdokumentation zum deutschen Archivtag, 10), Essen 2007.

Kretzschmar, Robert: Überlieferungsbildung im Nationalsozialismus und in der unmittelbaren Nachkriegszeit, in: Das deutsche Archivwesen und der Nationalsozialismus. 75. Deutscher Archivtag 2005 in Stuttgart, Redaktion: Robert Kretzschmar (Tagungsdokumentation zum deutschen Archivtag, 10), Essen 2007, S. 34-44.

Kretzschmar, Robert: „Kassationsgrundsätze allgemeiner und besonderer Art". Zur Bewertungsdiskussion der preußischen Archivverwaltung 1936 bis 1945, in: Leder ist Brot. Beiträge zur norddeutschen Landes- und Archivgeschichte. Festschrift für Andreas Röpcke, hrsg. von Bernd Kasten, Matthias Manke und Johann Peter Wurm, Schwerin 2011, S. 383–399.

Kriese, Sven; Kistenich, Johannes: Archivarbeit im und für den Nationalsozialismus. Die Preußischen Staatsarchive vor und nach dem Machtwechsel von 1933. Tagung im Geheimen Staatsarchiv Preußischer Kulturbesitz in Berlin, in: Archivar 66 (2013), S. 203–206.

Lehr, Stefan: Ein fast vergessener „Osteinsatz". Deutsche Archivare im Generalgouvernement und im Reichskommissariat Ukraine (Schriften des Bundesarchivs, 68), Düsseldorf 2007.

Lippmann, Leo: „... dass ich wie ein guter Deutscher empfinde und handele". Zur Geschichte der Deutsch-Israelitischen Gemeinde in Hamburg in der Zeit vom Herbst 1935 bis zum Ende 1942 – Zwei Berichte, hrsg. anlässlich des 50. Todestages von Staatsrat a. D. Dr. Leo Lippmann am 10. Juni 1993 von der Finanzbehörde Hamburg, Hamburg 1993.

Lohalm, Uwe: Hamburg im Dritten Reich. Die nationalsozialistische Judenverfolgung 1933 bis 1945. Ein Überblick, Hamburg 1999.

Lohalm, Uwe: „...anständig und aufopferungsbereit". Öffentlicher Dienst und Nationalsozialismus in Hamburg 1933 bis 1945 (Veröffentlichung der Forschungsstelle für Zeitgeschichte in Hamburg), Hamburg 2001.

Lohalm, Uwe: „Modell Hamburg". Vom Stadtstaat zum Reichsgau, in: Hamburg im „Dritten Reich", hrsg. von der Forschungsstelle für Zeitgeschichte in Hamburg, 2. durchgesehene Aufl., Göttingen 2008, S. 122–153.

Lohalm, Uwe: Garant nationalsozialistischer Herrschaft. Der öffentliche Dienst, in: Hamburg im „Dritten Reich", hrsg. von der Forschungsstelle für Zeitgeschichte in Hamburg, 2. durchgesehene Aufl., Göttingen 2008, S. 154–187.

Lohalm, Uwe: Völkische Wohlfahrtsdiktatur. Öffentliche Wohlfahrtspolitik im nationalsozialistischen Hamburg (Forum Zeitgeschichte, 21), München 2010.

Lorenz, Ina; Berkemann, Jörg: Streitfall jüdischer Friedhof Ottensen. Wie lange dauert Ewigkeit. Band 1: Chronik (Studien zur jüdischen Geschichte, 1), Hamburg 1995.

Lorenz, Ina: Art. Lippmann, Leo, in: Hamburgische Biografie. Personenlexikon. Bd. 1, hrsg. von Franklin Kopitzsch und Dirk Brietzke, Hamburg 2001, S. 188 f.

Lorenz, Ina: Aussichtsloses Bemühen. Die Arbeit der Jüdischen Gemeinde 1941 bis 1945, in: Die Deportation der Hamburger Juden 1941–1945, hrsg. von der Forschungsstelle für Zeitgeschichte in Hamburg und dem Institut für die Geschichte der deutschen Juden, 2. Aufl., Hamburg 2002, S. 30–44.

Lorenz, Ina: Leo Lippmann (1881 bis 1943) – Ein deutscher Jude, in: Spätes Gedenken. Ein Geschichtsverein erinnert sich seiner ausgeschlossenen jüdischen Mitglieder, hrsg. von Joist Grolle und Matthias Schmoock (Hamburgische Lebensbilder, 21), Hamburg 2009, S. 99–136.

Marquard, Jeanine; Nolden, Nico; Sarnowsky, Jürgen (Hg.): Hamburgs Gedächtnis – die Threse des Hamburger Rates. Die Regesten der Urkunden im Staatsarchiv der Freien und Hansestadt Hamburg. Bd. 1: 1350–1399, Hamburg 2014.

Maruhn, Siegfried: Staatsdiener im Unrechtsstaat. Die deutschen Standesbeamten und ihr Verband unter dem Nationalsozialismus, Frankfurt am Main und Berlin 2002.

Meiners, Werner: Familienforschung in Zeiten von „Abstammungsnachweis" und „Judenkartei". Zum Gedenken an den am 2. September 2010 verstorbenen ehemaligen oldenburgischen Landesrabbiner Leo Trepp, in: Oldenburgische Familienkunde 52 (2010), S. 89–125.

Meyer, Beate: „Jüdische Mischlinge“. Rassenpolitik und Verfolgungserfahrung 1933–1945, Hamburg 1999.

Meyer, Beate (Hg.): Die Verfolgung und Ermordung der Hamburger Juden 1933–1945. Geschichte, Zeugnis, Erinnerung, Hamburg 2006.

Musial, Torsten: Staatsarchive im Dritten Reich. Zur Geschichte des staatlichen Archivwesens in Deutschland 1933–1945 (Potsdamer Studien, 2), Potsdam 1996.

Nicolaysen, Rainer: Art. Salomon, Richard, in: Hamburgische Biografie. Personenlexikon. Bd. 2, hrsg. von Franklin Kopitzsch und Dirk Brietzke, Hamburg 2003, S. 358 f.

Nicolaysen, Rainer: Richard Salomon (1884 bis 1966) – ein deutsch-amerikanisches Gelehrtenleben, in: Spätes Gedenken. Ein Geschichtsverein erinnert sich seiner ausgeschlossenen jüdischen Mitglieder, hrsg. von Joist Grolle und Matthias Schmoock (Hamburgische Lebensbilder, 21), Hamburg 2009, S. 159–196.

[Ohne Verfasser]: Die jüdischen Opfer des Nationalsozialismus in Hamburg, Hamburg 1965.

Petersen, Walter H.: Die Archivräume, in: Beiträge zur Geschichte des Staatsarchiv der Freien und Hansestadt Hamburg (Veröffentlichungen aus dem Staatsarchiv der Freien und Hansestadt Hamburg, 5), Hamburg 1960, S. 41–55.

Randt, Ursula: Die Talmud Tora Schule in Hamburg 1805 bis 1942, München und Hamburg 2005.

Reimann, Norbert: Archivgesetzgebung im Nationalsozialismus. Ein gescheiterter Versuch, in: Das deutsche Archivwesen und der Nationalsozialismus. 75. Deutscher Archivtag 2005 in Stuttgart, Redaktion: Robert Kretzschmar (Tagungsdokumentation zum deutschen Archivtag, 10), Essen 2007, S. 45–56.

Reincke, Heinrich; Schulze, Bernhard: Das Hamburgische Convoyschiff „Wapen von Hamburg“ III. Modell und Geschichte (Mitteilungen aus dem Museum für Hamburgische Geschichte, 1), Hamburg 1952.

Rönn, Peter von: Die Entwicklung der Anstalt Langenhorn in der Zeit des Nationalsozialismus, in: Wege in den Tod. Hamburgs Anstalt Langenhorn und die Euthanasie in der Zeit des Nationalsozialismus, hrsg. von

Klaus Böhme, Uwe Lohalm und Peter von Rönn (Forum Zeitgeschichte, 2), Hamburg 1993, S. 27–135.

Schulle, Diana: Das Reichssippenamt. Eine Institution nationalsozialistischer Rassenpolitik, Berlin 2001.

Sielemann, Jürgen: Familienkundliche Forschungsmöglichkeiten im Staatsarchiv Hamburg, in: Zwischen Verwaltung und Wissenschaft. Beiträge zur Geschichte und Gegenwart des Staatsarchivs Hamburg, hrsg. von Hans Wilhelm Eckardt und Peter Gabrielsson (Beiträge zur Geschichte Hamburgs, 26), Hamburg 1985, S. 159–170.

Sielemann, Jürgen (Bearb.): Hamburger jüdische Opfer des Nationalsozialismus. Gedenkbuch (Veröffentlichungen aus dem Staatsarchiv der Freien und Hansestadt Hamburg, 15), Hamburg 1995.

Sielemann, Jürgen: Fragen und Antworten zur „Reichskristallnacht“ in Hamburg, in: ZHG 83 (1997) Ht. 1, Festschrift für Hans-Dieter Loose zum 60. Geburtstag, S. 473–501.

Sielemann, Jürgen: Hamburger Gemeindeakten im Staatsarchiv Hamburg, in: Jüdisches Archivwesen. Beiträge zum Kolloquium aus Anlass des 100. Jahrestages der Gründung des Gesamtarchivs der deutschen Juden, zugleich 10. Archivwissenschaftliches Kolloquium der Archivschule Marburg, 13.–15. September 2005, hrsg. von Frank M. Bischoff und Peter Honigmann (Veröffentlichungen der Archivschule Marburg, 45), Marburg 2007, S. 97–110.

Sielemann, Jürgen: Das Staatsarchiv Hamburg und die Personenforschung in der NS-Zeit, in: Aus erster Quelle. Beiträge zum 300-jährigen Jubiläum des Staatsarchivs der Freien und Hansestadt Hamburg, hrsg. von Joachim W. Frank und Thomas Brakmann (Veröffentlichungen aus dem Staatsarchiv der Freien und Hansestadt Hamburg, 22), Hamburg 2013, S. 85–104.

Sielemann, Jürgen: Die personenkundliche Abteilung des Staatsarchivs Hamburg im NS-Staat und in der Nachkriegszeit. Von der Judenverfolgung zur „Wiedergutmachung“, in: Wie mächtig sind Archive? Perspektiven der Archivwissenschaft, hrsg. von Rainer Hering und Dietmar Schenk (Veröffentlichungen des Landesarchivs Schleswig-Holstein, 104), Hamburg 2013, S. 141–163.

Studemund-Halévy, Michael; Zürn, Gaby (Hg.): Zerstört die Erinnerung nicht. Der jüdische Friedhof Königstraße in Hamburg, 3. erw. Aufl., Hamburg und München 2010.

Uhl, Bodo: Die Geschichte der Bewertungsdiskussion, in: Bilanz und Perspektiven archivischer Bewertung. Beiträge eines Archivwissenschaftlichen Kolloquiums, hrsg. von Andrea Wettmann (Veröffentlichungen der Archivschule Marburg, 21), Marburg 1994, S.11–35.

Tecke, Annelise: Bibliographische Übersicht über das Schaffen Heinrich Reinckes. In zeitlicher Reihenfolge zusammengestellt, in: ZHG 41 (1951), S. 408–415.

Tecke, Annelise: Verzeichnis der Schriften Erich von Lehes, in: Jahrbuch der Männer vom Morgenstern 45 (1964), S. 16–25.

Walk, Joseph: Das Sonderrecht für die Juden im NS-Staat. Eine Sammlung der gesetzlichen Maßnahmen und Richtlinien, Heidelberg 1981.

Weiser, Johanna: Geschichte der preußischen Archivverwaltung und ihrer Leiter. Von den Anfängen unter Staatskanzler von Hardenberg bis zur Auflösung im Jahre 1945 (Veröffentlichungen aus den Archiven Preußischer Kulturbesitz, 7), Köln u. a. 2000.

Wettmann, Andrea (Hg.): Bilanz und Perspektiven archivischer Bewertung. Beiträge eines Archivwissenschaftlichen Kolloquiums (Veröffentlichungen der Archivschule Marburg, 21), Marburg 1994.

Winkle, Stefan: Johann Friedrich Struensee (1737–1772). Arzt, Aufklärer und Staatsmann, in: Europa in der Frühen Neuzeit. Festschrift für Günter Mühlpfordt. Bd. 7: Unbekannte Quellen, hrsg. von Erich Donnert, Weimar 1997, S. 201–236.

Zimmermann, Gunnar: Art. Hertz, Hans W., in: Hamburgische Biografie. Personenlexikon. Bd. 6, hrsg. von Franklin Kopitzsch und Dirk Brietzke, Hamburg 2012, S. 125–127.

Zimmermann, Gunnar: Bürgerliche Geschichtswelten in einer modernen Metropole. Der Verein für Hamburgische Geschichte in den Jahren 1912 bis 1974 [noch nicht erschienen].

Zimmermann, Moshe: Wilhelm Marr. The Patriarch of Anti-Semitism, New York und Oxford 1986.

9. Bildnachweis

Abbildung 1: Porträt Hans Kellinghusen (1885–1971), Staatsarchiv Hamburg 720-1 Plankammer 215 = Ke 61 (Foto: Fotografische Werkstatt Walther Kellinghusen [1902–1936], Bergedorf, 1934)

Abbildung 2: Porträt Erich von Lehe (1894–1983), Staatsarchiv Hamburg 720-1 Plankammer 215 = Le 91 (Foto: Fritz Kempe, Staatliche Landesbildstelle, Hamburg, 1951)

Abbildung 3: Porträt Kurt Detlev Möller (1902–1957), Staatsarchiv Hamburg 720-1 Plankammer 215 = Mo 97 (Foto: Fritz Kempe, Staatliche Landesbildstelle, Hamburg, 1951)

Abbildung 4: Hans Kellinghusen: Das Staatsarchiv und die Personenforschung, Hamburg 1935, Titelbild (Foto: Alexander Brede, 2015)

Abbildung 5: Die personenkundliche Abteilung im Staatsarchiv Hamburg (ca. 1937), Staatsarchiv Hamburg 720-1 Plankammer 131-6 = 285/110 (Foto: Nachweis konnte nicht ermittelt werden)

Abbildung 6: Entwurf des Schreibens von Hans Kellinghusen an Dresler vom Gaupersonalamt Berlin vom 7.12.1937, Staatsarchiv Hamburg 133-1 Staatsarchiv II Nr. 53 (Foto: Corinna Jockel, Staatsarchiv Hamburg, 2015)

Abbildung 7: Schreiben von Leo Lippmann an das Staatsarchiv vom 22.7.1942, Staatsarchiv Hamburg 133-1 II Staatsarchiv II, Nr. 62 (Foto: Corinna Jockel, Staatsarchiv Hamburg, 2015)

Abbildung 8: Das Magazin im Unter-Erdgeschoss des Hamburger Rathauses (ca. 1902), Staatsarchiv Hamburg 720-1 Plankammer 131-6 = 285/300 B (Foto: Nachweis konnte nicht ermittelt werden)

Abbildung 9: Der Flakturm auf dem Heiligengeistfeld in Hamburg (Foto: Alexander Brede, 2015)

10. Personenregister

Veröffentlichungen aus dem Staatsarchiv der Freien und Hansestadt Hamburg

Seit 1910 gibt das Staatsarchiv eine Veröffentlichungsreihe mit dem Titel „Veröffentlichungen aus dem Staatsarchiv der Freien und Hansestadt Hamburg" heraus. Lieferbar sind zurzeit folgende Bände:

Band 13, 1–4: Findbuch der Reichskammergerichtsakten im Staatsarchiv Hamburg. Erarbeitet von Hans-Konrad Stein-Stegemann. Hamburg 1993. 43,00 Euro.

Band 14: vergriffen.

Band 15: Hamburger jüdische Opfer des Nationalsozialismus. Gedenkbuch. Bearbeitet von Jürgen Sielemann unter Mitarbeit von Paul Flamme. Hamburg 1995. 17,00 Euro.

Band 16: Burghart Schmidt: Hamburg im Zeitalter der Französischen Revolution und Napoleons (1789–1813). Teil 1–2. Hamburg 1998. 42,00 Euro.

Band 17: vergriffen.

Band 18: Überseeische Auswanderung und Familienforschung. Hrsg. von Jürgen Sielemann, Rainer Hering und Ulf Bollmann. Hamburg 2002. 7,50 Euro.

Ab Band 19 erscheinen die Titel bei Hamburg University Press:

Band 19: Rainer Hering, Udo Schäfer (Hrsg.): Digitales Verwalten – Digitales Archivieren. 8. Tagung des Arbeitskreises „Archivierung von Unterlagen aus digitalen Systemen" am 27./28.4.2004 in Hamburg. Hamburg 2004. 20,00 Euro.

Band 20: Rainer Hering, Jürgen Sarnowsky, Christoph Schäfer, Udo Schäfer (Hrsg.): Forschung in der digitalen Welt. Hamburg 2006. 20,00 Euro.

Band 21: Die Hamburgisch-Lübischen Pfundgeldlisten 1485–1486. Hrsg. von Dennis Hormuth, Carsten Jahnke, Sönke Loebert unter Mitarbeit von Hendrik Mäkeler, Stefanie Robl, Julia Röttjer. Hamburg 2006. 30,00 Euro.

Band 22: Joachim W. Frank, Thomas Brakmann (Hg.): Aus erster Quelle. Beiträge zum 300-jährigen Jubiläum des Staatsarchivs der Freien und Hansestadt Hamburg. Hamburg 2013. 24,80 Euro.

Band 23: Jürgen Sielemann: Quellen zur jüdischen Familiengeschichtsforschung im Staatsarchiv Hamburg. Ein Wegweiser. Hamburg 2015. 25,80 Euro.

Band 24: Sarah Schmidt: Das Staatsarchiv Hamburg im Nationalsozialismus. Hamburg 2015. 18,80 Euro.

Der Verkauf bis Band 18 erfolgt, soweit nicht vergriffen, direkt durch das Staatsarchiv. Bestellungen sind zu richten an:

Staatsarchiv der Freien und Hansestadt Hamburg
Kattunbleiche 19
22041 Hamburg
Telefon 040 428313129
poststelle@staatsarchiv.hamburg.de
www.hamburg.de/staatsarchiv

Ab Band 19 können die Titel der Reihe über den Buchhandel und über den Verlag bezogen werden:

Hamburg University Press
Verlag der Staats- und Universitätsbibliothek Hamburg Carl von Ossietzky
Von-Melle-Park 3
20146 Hamburg
Telefon 040 428387146
Fax 040 428383352
order.hup@sub.uni-hamburg.de
hup.sub.uni-hamburg.de

Über die Autorin

Sarah Schmidt, geb. 1989 in Papenburg, studierte Geschichte und Französisch in Hamburg und Bordeaux. Bei der vorliegenden Arbeit handelt es sich um eine überarbeitete Fassung ihrer Masterarbeit. Sie verfasst zurzeit ihre Dissertation über die Geschichte des Landesarchivs Schleswig-Holstein.